U0142829

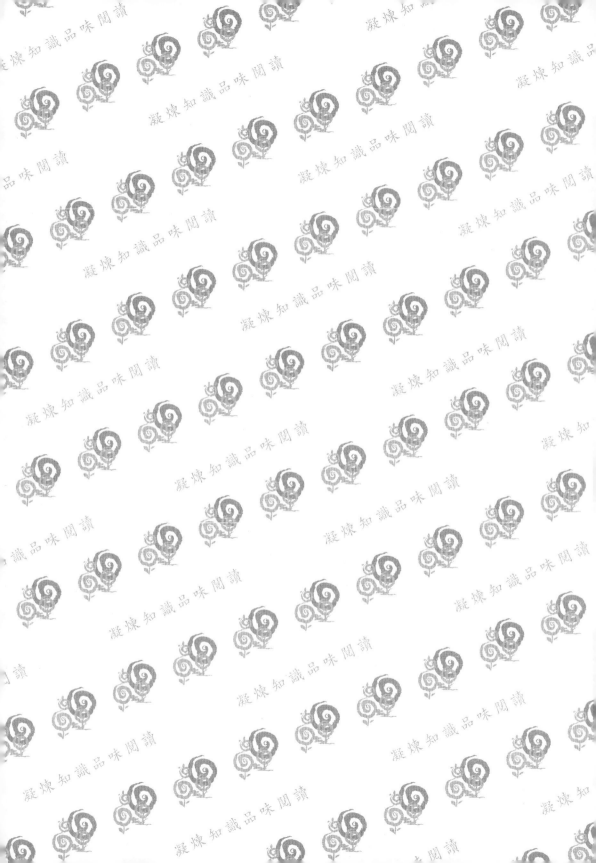

運動競賽
活動規劃與執行

陳司衛、洪煌佳著

五南圖書出版公司 印行

千山萬里行，沒有「規劃」真不行

這是個最需要規劃，卻又最缺乏規劃的時代。

面對社會急遽變遷、市場競爭日趨激烈的同時，如何透過有計畫的事前設計，讓活動規劃得以成功執行，其重要性不言而喻。近年來運動風氣盛行，各項競賽活動熱絡，但臺灣各級學校鮮見教導規劃活動課程，尤其是運動競賽活動規劃與執行更顯付之闕如，常使承辦人員於辦理活動時無所適從，此時如能有參考範本可供依循，對於主辦單位與籌劃人員必能得到事半功倍之效。

本書的二位作者陳司衛組長與洪煌佳學務長都是體育與運動界的菁英，在繁重的行政及教學工作下，仍堅持將多年學術與實務的經驗彙集成冊，精神令人敬佩。本書從競賽規程、賽制、經費、管理到公文的撰擬與成果報告，將所見所聞轉化成有價值的文字呈現，並於書末列舉運動競賽辦理實例與所有人分享，相信本書的出版，對於競賽活動承辦人及對該領域有興趣的人來說絕對是一大福音。

本書透過深入淺出的文字、清楚簡易的圖表，將運動競賽活動的規劃與執行，以生動的故事與實例結合，讓讀者可以很快的了解複雜的賽務，同時讓運動競賽活動的辦理更容易上手。值此書付梓之際，本人樂為之序，並邀請大家透過「規劃」，做自己生命的主宰。

國立臺灣師範大學特聘教授

張少熙 謹識

2023.04

　　本書作者陳司衛老師，目前擔任國立臺東高中體育教師兼體育組長，近十年來也協助本系開設體育行政課程，長期在體育園地培育人才，透過各項運動競賽活動的規劃與執行，讓更多學生體驗到賽會的公開性、公平性以及非語言傳達性，藉此激發更多青年學子參與運動，並感受到從運動競賽帶來的自我超越與自我實現。第二位作者洪煌佳教授，目前擔任國立臺東大學學務長，長期獲得國科會計畫，專注運動員賽事參與及生涯發展議題研究。這本書結合了作者的實務經驗及學術專業，以淺顯易懂方式，清楚設定每一個章節的學習目標及問題討論，很適合學校體育行政人員以及大學體育學系學生來閱讀學習。本書內文包含競賽規程擬定、賽制編配、經費規劃與核銷、活動管理以及公文書寫與成果報告等面向，作者提出許多案例進行分享，讓讀者能藉由實作案例更清楚了解競賽實務，作者更透過完整運動競賽辦理實例，協助讀者統整前述章節所闡述的概念並連結至實例操作。

　　個人曾擔任 105 年全國大專校院運動會執行長，從整個賽會的籌備到執行，讓我感受到運動賽會規劃與辦理過程中的複雜性與變動性，需要有更多實務工作者與學術專業者合作，將經驗透過文字的撰寫與出版進行分享與傳承。因此，對於《運動競賽活動規劃與執行》乙書出版更深抱期盼，藉由傳與承、知與用，讓更多的年輕學子瞭解賽會的辦理，參與賽會的規劃。適逢本書付梓之際，爰誌觀點，樂為之序。

國立臺東大學體育學系主任

溫卓謀

2023.04.12

　　司衛老師是辦理運動競賽活動經驗豐富的體育人，在我擔任國立臺東高中校長五年任期期間，辦理過各式各樣的運動競賽，如路上行舟、划救生艇接力、東中盃全國籃球邀請賽及區域性排球賽等活動，規劃與執行都深受學生的喜愛，讓師生享受運動的樂趣，我覺得這些都是運動活動規劃與執行的可貴經驗與價值。

　　司衛老師與煌佳教授二位是長年投注心力在體育行政事務的第一線教育工作者，加上職涯的教育行政歷練，依其厚實的理論基礎及豐富的實務經驗，將所學所見轉化成理論與實務兼具的專書，希望各位讀者能夠透過這一本書，閱看許多寶貴的規劃實例，協助您有效、有趣、安全地執行各種運動賽事，更重要的是，透過您安排的精彩比賽，讓參與的人能夠更欣賞體育賽事，進而成為有活力的人。

臺東縣教育處處長

國立臺東高中前校長

蔡美瑤

2023.03.22

　　北歐有一句諺語：「沒有糟糕的天氣，只有不合適的衣服」。這說明外在影響的條件，可能是詭譎多變的樣態，而內在自我保護的方式，或對應樣態而積極改變的處置措施，才是適應的過程。

　　體育行政與管理更貼近這句諺語的意涵。體育行政事務所涉及的面向既多且廣，坊間的工具書亦有不少的理論專書可供參考。惟面對複雜多樣的體育事務，單靠理論的支撐，無法單純地面對所有的議題。

　　司衛老師與煌佳教授二位，是長年投注心力在體育行政事務的第一線教育工作者，感念過去體育系所的栽培，加上職涯的教育行政歷練，依其厚實的理論基礎及豐富的實務經驗，將所學所見轉化成理論與實務兼具的專書。

　　我非常推薦這本《運動競賽活動規劃與執行》，它是一本進入體育行政的入門工具書，本書的內容不僅僅限於體育系所學生使用，更能讓有心辦理運動競賽的機關團體或社團可以按圖索驥，跟著章節的腳步進行，讓每一次的競賽規劃能順利完成。

　　希望每個收藏這本書的人，都能在活動執行過程中，讓每位參與者感受到舉辦方用心設計的創意與巧思，進而提升運動參與的樂趣，感受到運動所帶來歡愉的能量。讓每個人都能喜歡運動，更透過運動建立起更溫暖的人際關係。

臺北市立大理高中校長

楊廣銓

2023.03

　　近年來運動風氣日盛，各項運動蓬勃發展，從地方性賽事到國際性比賽，掀起國人關注體育賽事的熱潮，許多社區、學校或縣市單位相繼辦理競賽活動，活絡了各階層的運動活力，達到全民運動的目的。

　　本書是司衛老師與煌佳教授長年從事運動競賽規劃累積務實經驗的精華，將賽事規劃管理化繁爲簡，以步驟化、圖表化的方式呈現，理論少、實務多，是一本接地氣的實用參考書，讓大家能夠容易上手並且輕鬆順利辦理有品質的運動競賽活動，相信一定能讓大家迅速對運動競賽更加清楚理解，更能輕鬆有效能地辦理活動，進而享受運動、享受比賽、享受健康。

臺北市立介壽國中校長

陳建廷

2023.03.21

　　當年大學畢業分發至學校，便被校長指派接下體育組長的職務，因為許多任務的不熟悉而鬧了不少笑話，尤其是辦理班際運動競賽活動的這個區塊，雖說有之前的資料可以參考，但在摸索的過程中還是充滿了忐忑與不安。最初辦理運動競賽活動時卡關在「實施計畫如何撰寫？」、「如何編排賽制？」、「如何編列經費？」、「如何撰寫簽呈？」這些問題時刻縈繞在腦海裡久久無法退散，再加上裁判安排、器材請購、比賽時間擬定等問題，常常搞到身心俱疲，也深深的體會運動競賽活動辦理的重要性。

　　而運動競賽活動一直是組織綻放活力、匯聚資源、展現效率的重要平台，更是參與者凝聚團隊、追求卓越、挑戰自我的管道之一。因而，辦理運動競賽活動可以廣泛地被應用在各個領域，從社區、學校、協會、政府機關等單位，都有規模大小不一的活動在規劃辦理與執行。

　　作者長期參與及關心運動競賽活動的過程中，如何掌握辦理運動競賽活動的要領，而能夠妥善運用現有資源達到組織單位的目標，並讓參與者能夠在公平、公正的活動中發揮身體運動表現，達到皆大歡喜的成果則是我們的初衷。

　　因而，本書撰寫試圖將眾多理論脈絡作化繁為簡的說明，步驟化、圖表化來方便使用，作者力求簡要明確而去蕪存菁的濃縮為七個單元，希望讀者可以直接、方便、易上手，輕鬆順利辦理有品質的運動競賽活動。首先，好的想法造就優秀的行動力！瞭解運動競賽活動辦理的輪廓，可以避免走太多冤枉路；其次，好的資訊帶來絕佳的效率，完善的競賽規程內容亦是活動執行的重要依據；再者，追求公平、公正與最大參與，則更是需要借重完善的運動賽制才能夠達成，而本書內容提供大量常用運動賽制則是無私的超值組

合；第四、經費有限但創意無限，如何妥善、合理的規劃與運用經費，物超所值的順利執行活動更是關鍵；第五、龐雜繁瑣的規劃、執行與成果呈現，絕對是需要有計畫、有系統的管理步驟，才能夠運籌帷幄地按部就班完美呈現活動；第六、公文書信的溝通協調與活動成果報告，絕對是活動執行過程中扮演資訊、決策、行動的穿針引線角色，而報告書更是承先啓後的重要參酌依據。最後，他山之石可以攻錯！活動執行做就對了，透過活動實例的觀摩，提升活動辦理的戰鬥力，手把手的順利執行活動就是我們的目標！

本書的完成，要感謝許多共同參與關心運動競賽活動的先進與同好，大家在追求運動競賽活動精進的努力之下，更多的是在活動執行中的智慧經驗與積累，都讓作者在參與過程中獲得許多養分與啓發。期待，更多更豐富的運動競賽活動的規劃執行，一起帶動社會的運動競賽活動風氣與生活品質。

陳司衛、洪煌佳
2023 年識於臺東

目錄

Chapter *1*

運動競賽
活動導論

常言道：「活動、活動，要活就要動！」人是群居的動物，透過活動參與可以相互交流、凝聚感情，更可以促進身心健康。而運動競賽活動更是大眾最關注的生活重要事項之一，也是一種生活日常。

「好的活動可以帶給你幸福、健康與快樂！」從小到大我們都有機會參加或觀賞許多大大小小的運動競賽活動，在許多社團、社區、公司、學校也都有相關運動競賽活動在執行，這些活動辦理的關鍵與技巧為何？如何讓運動競賽活動發揮良好的價值，有利於個人、團體及社會，更是我們需要掌握的生活技能之一。因為，生活應該將時間花在有意義、有價值的地方。若有機會參與或辦理運動競賽活動時，首要考量的目標是什麼？有哪些核心事項應該要掌握？還有哪些重要的規劃步驟？都是促成活動完善程度的重要關鍵。因此，本章主要介紹運動競賽活動的概念內容、規劃要素、價值貢獻等，以對於運動競賽活動有初步的認識與理解。

1-1　運動競賽活動的概念

　　運動競賽活動指的是什麼？有哪些內容、種類？具有哪些重要價值？在辦理活動時，對於運動競賽有基礎概念，才能夠有正確的認識。茲從運動競賽活動的意義、內容、種類及價值分別介紹：

一、運動競賽活動的意義

　　運動競賽活動規模非常多元，小至一個遊戲、娛樂、休閒、運動、競賽，也可以根據運動制度層級的提升而使得規模擴大到如學校運動競賽、縣市級運動競賽等多元呈現。而有了初步的理解之後，也可以再借鑑更具規模的大型賽會，諸如全國運動會、世界運動會，以及現代奧林匹克運動會等進行觀察分析。

　　然而，不論運動競賽活動規模大小，其本質上都是一種競爭概念，也具有輸贏與勝負的結果，更是追求冠軍錦標的行為過程。因而，狹義的概念指的是個體透過身體運動能力進行競爭的一種表現；但較為廣義的概念則是指在運動組織設定的系統性制度與環境下，個體符合公平競爭與運動家精神而從事身體競爭活動。

　　簡單來說，運動，從社會科學的角度是指在組織的架構和遵守公平競爭、運動家精神的規則下，進行身體競爭的活動。因而，運動競賽活動就是

運動組織制定規則規範，以運動作為主要競賽的活動，提供個人或團體參與競爭，展示身體能力並確定勝負結果。

二、運動競賽活動的內容

　　為了達到運動競賽活動能夠公平、公正、公開的競爭勝負，並順利的讓參賽隊伍或個體能夠盡情發揮運動能力，良好的運動競賽活動辦理的規劃與執行就扮演了重要的關鍵角色。從而，在籌備辦理運動競賽活動時，則應該充分掌握組織和管理運動競賽的概念，包括組織、賽制、裁判、選手、觀眾、規則、經費、時間、地點、資源等的整合與實施，以利運動競賽活動的順利執行。

　　因而，隨著運動競賽活動層級的提高，運動組織為了確保公平的制度與環境，籌備單位則應該考量運動競賽活動的目標，並展開資源盤點與各項準備工作來因應活動的執行，以提供參與者能夠盡情展現身體運動競爭能力。

　　具體來說，運動競賽活動的內容包含廣泛，主要有運動員的運動技能比賽、運動項目選擇、比賽賽制安排、競賽規則採用等。通常運動競賽是根據運動組織的制度和規定舉辦，透過競爭形式來展示運動員的運動技能，達到提升運動競爭水準和運動素質的目的。

三、運動競賽活動的種類

　　從運動的種類可以初步將其內容依照制度體系的水準高低、社會控制的強弱、技術水準的高低、參加者本身的自由度大小等觀點，將其分為四個種類（王宗吉，1996）：

(一) 非正式的運動

　　非正式的運動是指各種簡易運動，通常是一般的運動遊戲、運動競賽等的表現形式。例如：個體之間的跑步競賽、三對三鬥牛等運動勝負。

(二) 半正式的運動

　　半正式的運動是指校內或地方性競爭，規模較小但是已經具備運動競賽

的內容，有特定單位進行辦理。例如：校內的班際籃球賽、縣市級的區域籃球賽等。

(三) 正式的運動

正式的運動是指全國性、國際性比賽，主要是由具有國家或國際性的運動組織單位辦理的運動競賽。例如：全國性的單項運動錦標賽、全國運動會、世界運動會、現代奧林匹克運動會等國內或國際性比賽。

(四) 職業運動

職業運動是指藉由該運動作為職業經營的商業體系，並導入運動商業化的經營產業。例如：職業棒球、職業足球、職業排球、職業撞球等。

具體而言，不同運動種類的因應制度體系、社會控制、技術水準的高低各有不同的規則、場地、設備、參加資格及組織結構，則會有相應的籌備內容。但是，參加者在各個層級的運動種類中的自由度高低，會隨著運動制度體系的水準愈高而相對有較小的自由度，但是社會控制與技術水準則相對要求也愈高。

四、運動競賽活動的價值

辦理運動競賽活動具有良好的價值，其面向包含個人、團體、政治、經濟、教育、文化、社會等許多面向，好處如下：

(一) 個人面向

透過運動競賽活動的辦理，可以促進個體參與者的身體能力和運動技巧，強化生理、心理及社交健康，並帶動間接參與者追求健康的風潮，更可以提升參與者的競爭力、團隊合作及鍛鍊競爭精神。

(二) 團體面向

透過運動競賽活動的辦理，可以提升團體合作能力及增進社群之間的互動，並增加個體之間的交流。

(三) 政治面向

透過運動競賽活動的辦理，可以提升國家或地區的能見度與國家和城市形象，有助於國際外交關係或區域之間的各項交流與發展。

(四) 經濟面向

透過運動競賽活動的辦理，可以提高大量經濟投資、促進當地經濟發展與城市建設，更可以吸引大量的運動觀光收益，提升經濟活動與商業機會。

(五) 教育面向

透過運動競賽活動的辦理，可以增強學生的運動素養、傳承運動教育培養能力，並促進大眾的健康生活行為。

(六) 文化面向

透過運動競賽活動的辦理，可以增進文化的交流發展，並促進不同國家、區域之間關於語言、科技、知識、文物、飲食、價值、態度等的相互交流、融合與創新。

(七) 社會面向

透過運動競賽活動的辦理，可以提高社會大眾的共識與凝聚力，並增添生活調劑，轉移生活注意力，適度也可以促進政治、經濟的穩定與發展。

1-2 運動競賽活動的規劃與執行

辦理運動競賽活動雖然事多龐雜，然而，從活動規劃、執行到成果仍然是有跡可尋，掌握辦理活動的流程路徑則可以提升效率。在初步確定運動競賽活動的規模之後，籌備單位即可以盤點現有資源進行一系列的規劃與執行步驟。以下分別從考量價值、規劃要素及規劃步驟作說明：

一、運動競賽活動的考量價值

運動競賽活動的規劃與辦理，在辦理之初應該針對活動的執行價值進行

澄清，以符合活動的主要目標。考量價值可以從幾個面向作思考：

(一) 安全性

活動辦理應確保人員（選手、裁判、觀眾、工作人員等與會人員）、場地、環境等的規劃與實施安全為第一優先。

(二) 公平性

活動辦理應確保比賽環境的公平性，避免舞弊行為，從比賽規則、設備要求、選手資格、裁判標準、場地設施、時間規劃等都應確保公平性。

(三) 公共性

活動應符合社會公共利益，適當地結合教育、文化、娛樂、經濟、環保、永續、美學、文化等內容，並考量公關媒體的正面報導與關注，以追求公共利益的最大化為考量。

(四) 公益性

活動應對社會公益事業有所貢獻，可將活動規劃、觀眾參與、經濟交流、地方創生、資源支持等的公益合作進行整合。

(五) 環保性

活動應對環境造成的影響進行評估，採取適當措施保護環境，並考量活動辦理有關的軟、硬體的可再利用性與延續性。

(六) 效益性

活動應為主辦單位帶來合理的成本支出與經濟效益，避免不必要的鋪張浪費，並力求有效的資源整合以達到經費控制與最大經濟收入的效益。

二、運動競賽活動的規劃要素

從活動設計與執行面向，運動競賽活動的規劃要素有許多面向，藉由人（Who）、事（Why）、時（When）、地（Where）、物（What）、如何做（How）與多少經費（How much）的 5W2H 分析方式作規劃要素思維（如圖 1-1 所示）。

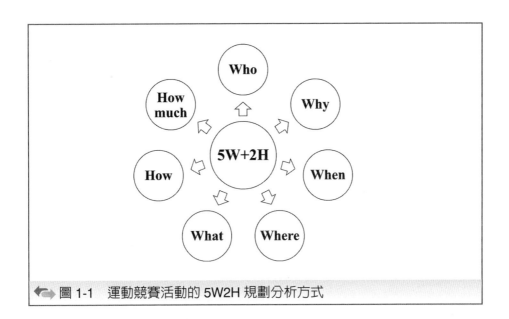

◀ 圖 1-1　運動競賽活動的 5W2H 規劃分析方式

(一) 人（Who）

運動競賽活動辦理的直接與間接參與者是誰？包含參加對象的資格、人數預估、隊伍數量、主辦單位、承辦單位、協辦單位、贊助商、裁判、觀眾等，皆是規劃時應該注意的對象。

(二) 事（Why）

運動競賽活動規劃的主旨為何？包含運動競賽活動的背景、發展、歷史、目的、意義、價值、規模、種類、項目、主題等要素，都是思維規劃的方向。

(三) 時（When）

運動競賽活動的舉辦時間、日期、時段、季節、氣候、週期等，考量同類型或不同層級規模的活動時間，並進行規劃考量。

(四) 地（Where）

運動競賽活動的舉辦地點有哪些規劃？從場地、設施、空間、交通、停

車、動線、光線、溼度、氣候、人口密度等,隨著運動競賽活動的規模愈大,則應該有更細緻的規劃考量。

(五) 物(What)

運動競賽活動的所需軟、硬體資源,包含運動競賽活動必須的運動設備、器材、物品,更包含周邊的票卡、證件、資訊、醫療、衛生、飲食、物品、衣服等內容,都需要具體考量。

(六) 如何做(How)

運動競賽活動的執行內容有關的報名、資格、賽制、賽程、規則、頒獎,甚至是飲食、衣著、住宿、交通、教育、娛樂等人力物力資源的整合,都是重要的考量內容。

(七) 多少經費(How much)

運動競賽活動的經費規模關係著活動的成敗,經費預算則需要考量賽制、賽程的合理性,以及活動辦理所因應而來的人力、物力等成本的規劃,是否能夠維持活動的收支平衡,又或者是否能夠獲利。否則應適時針對賽制與賽程進行必要的調整,以利活動能夠在既有的經費規劃下執行。

具體而言,5W2H 的要素思維可以作為運動競賽活動的初步規劃模型,從對象、主題、時間、地點、物資、組織、賽制、經費等進行規劃要素思考,並不斷地改善執行內容以完善活動的辦理。

三、運動競賽活動的規劃步驟

運動競賽活動的規劃步驟是一個連動的系列過程,包含計畫(Plan)、執行(Do)、評估(Check)、行動(Act)等流程,作為方案管理和改進的 PDCA 迴圈(PDCA cycle)(如圖 1-2 所示),能夠幫助組織確保任務的有效執行和改善。

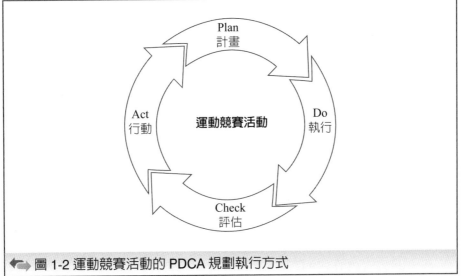

◆➡ 圖 1-2 運動競賽活動的 PDCA 規劃執行方式

　　PDCA 迴圈包括四個規劃步驟：

(一) 計畫（Plan）

　　運動競賽活動的辦理之前，需要識別活動的需求，釐清主辦者的興趣、政策方針，並確定目標與內容擬定相關計畫，而計畫的內容則需要針對活動規模、種類、項目、時間、運動員資格、裁判、賽程、設施、設備、器材、行政、經費、宣傳、爭議處理、風險管理等進行計畫的擬定，工作任務流程方向選擇最佳方案，以發展有效的執行策略。

(二) 執行（Do）

　　運動競賽活動計畫擬定之後，針對各項任務內容進行執行，並著重在任務執行的必要資訊蒐集、溝通協調與問題解決，且不斷地針對計畫實施的各項任務進行方式作有效的策略或精進，藉由組織成員腦力激盪的方式群策群力合作，以確保各項任務可以順利圓滿的達成。

(三) 評估（Check）

　　運動競賽活動計畫執行的各項任務，適時的針對各項任務進行管理、評

估、改善的各項效果，並尋求可利用資源、協助與活動目標之間的契合度，力求各項工作任務能夠精進與有效達成任務目標，以確保任務執行的結果能夠符合預期。

(四) 行動（Act）

運動競賽活動的各項任務工作，在各個任務環節、工作流程、進度管控、執行方式等，藉由各項任務作業的評估結果，發現計畫執行與現實的落差原因，找到有效改善的作法，進一步應用在各項任務執行，進行內容改善措施，並標準化、合理化作業程序來精進行動效率。

具體而言，藉由 PDCA 迴圈的規劃步驟對於運動競賽活動辦理的過程中，透過持續不斷循環管理來精進改善作業程序與效率，不僅能有效協助活動的各項準備工作與執行程序，更能促進管理者圓滿達成活動的任務目標。

🔒 1-3　運動競賽活動的實施計畫

辦理運動競賽活動具有重要價值，能夠促進整個社會發展是可以肯定的，而組織在辦理規劃運動競賽活動的實施計畫內容也可以作爲作業藍圖，以確定內容輪廓及作爲實施作業的具體方向。

一、運動競賽活動的計畫內容

運動競賽活動的實施計畫書內容，可以考量法令依據、活動宗旨、辦理單位、參賽資格、比賽賽制、報名方式、比賽時間、比賽地點、開閉幕典禮、比賽規則、比賽設備、比賽抽籤、領隊會議、注意事項、備註等，說明如下：

(一) 法令依據

運動競賽活動的規模不一，有些是依據法令辦理可以寫明。例如：全國運動會依據《全國運動會舉辦準則》，而學校運動會則是可以依據《各級學校體育實施辦法》辦理。

(二) 活動宗旨

活動宗旨則是在主張辦理該項活動的重要目標，或者是辦理的各項價值，建議使用行文段落書寫或者是條列式呈現。

(三) 辦理單位

辦理單位包含指導單位、主辦單位、協辦單位等的說明。

(四) 參賽資格

參賽資格則是運動員的資格，就其性別、年齡、組別或身分的認定，有哪些限制或條件加以說明，以作為參加比賽的資格認定。

(五) 比賽賽制

比賽賽制則是牽涉到比賽場次、人力物力、經費成本等的競賽規模作考量，可能未滿幾隊或幾隊以上使用不同賽制來提高比賽效率與公平性的說明。

(六) 報名方式

報名方式則是報名管道的說明，且對於報名費用付款方式或確認報名的內容說明，及分組至多幾隊、分組隊伍不足時採併組辦理或取消等相關細節。

(七) 比賽時間

比賽時間包含比賽日期、時間、時段，亦或者是每場次每局的時間限定等內容的說明。

(八) 比賽地點

比賽地點的主要位址、場館或場地的說明。

(九) 開閉幕典禮

開閉幕典禮的辦理地點及時間說明。

(十) 比賽規則

比賽規則是該一競賽採用運動協會規範的最新規則或其他特別規則，也可能包含名次錄取的獎勵規則說明，以作為比賽規則、裁判的依據說明。

(十一) 比賽設備

比賽設備一般可以說明大會認可的儀器、設備、比賽用球等的內容說明。

(十二) 比賽抽籤

比賽抽籤的日期、地點、方式或代理抽籤的內容說明。

(十三) 領隊會議

領隊會議的召開時間、地點的說明。

(十四) 注意事項

注意事項則是特別需要提醒的內容說明、風險管控或不可預期的天候情形影響處理方式，也可能包含比賽本身或者是周邊環境、時間等的補充。

(十五) 備註

備註一般則是強調實施計畫內容未能夠完全說明的部分，以及其他的補充事項資訊，例如：大眾運輸交通工具、停車與住宿等訊息。另外，裁判執法的標準依據也可以在備註中說明，例如：本次比賽採用「（20XX 年）國際○○運動協會最新規則」執行等內容。

二、運動競賽活動的規劃與實施注意事項

除了運動競賽活動的實施計畫撰寫之外，在活動規劃與實施的前、中、後也有一些注意事項應該考量。

(一) 活動前

1. 確認活動目標。
2. 確立活動種類。

3. 確認經費規模。

4. 擬定可行方案。

5. 訂定計畫流程。

6. 落實計畫執行。

(二) 活動中

1. 建立籌備組織

　(1) 設立任務單位。

　(2) 置放執行人員。

　(3) 專人分層賦權。

　(4) 有效溝通協調。

　(5) 精進執行管控。

2. 善用各項資源

　(1) 把握活動重點。

　(2) 善用專業人力。

　(3) 整合可用資源。

　(4) 合理使用經費。

　(5) 做好風險管理。

(三) 活動後

1. 確認活動成果與目標契合度。

2. 確認計畫執行流程的流暢度。

3. 確認活動預期成效的完成度。

4. 確認應變措施處理的成果。

5. 確認資源應用的合理度。

6. 確認經費應用的效益。

7. 撰寫活動成果與建議報告。

　　具體而言，運動競賽活動的實施計畫的藍圖內容可以提供一個輪廓，但是，透過活動辦理的前、中、後的各項工作任務進行考量時，則能夠更為具

體、妥善的規劃執行內容，且朝著活動目標落實，都能夠有利於活動按部就班的順利執行。

🔒1-4　結語

常言道：「計畫、計畫，桌上畫畫、牆上畫畫，趕不上長官的一句話！」雖然是一句玩笑話，卻也說明一個事實，那就是「計畫趕不上變化！」

基本上，在確認運動競賽活動的規劃目標與價值之後，從 5W2H 的角度可以對於規劃要素有一個通盤的瞭解。然而，計畫擬定通常是一個活動實施的藍圖與輪廓，在落實的過程中仍然需要與時俱進的按照時空環境改變進行調整，此時則可以透過計畫、執行、評估、行動的 PDCA 迴圈持續修正精進各項任務措施，有效合理的解決問題，並朝著活動目標妥善執行。除此之外，在運動競賽活動的執行過程中，如何擬訂活動計畫、競賽規程、競賽賽制、競賽管理、經費規模、公文溝通及成果報告等的順暢執行，則都各有重要的內容需要更進一步認識與熟悉。

因而，雖然各項任務工作看似分門別類各有所重，但是，各項任務卻又是緊密扣連。在活動規劃與執行過程中，按照活動目標進行各項任務規劃，確定競賽規程、競賽管理、經費使用，則已經大部分決定活動實施成果的成敗關鍵。而透過公文書與政府機關、民間團體、所屬組織成員及相關人員作有效地協調，以推動各項任務也是同等重要。尤其是，競賽活動的公文書撰寫、獎狀登載內容、競賽內容記錄，與活動成果的彙整與報告，又往往與各個單位的經費核銷有直接關係，則也需要有系統的呈現與敘明，以利運動賽事活動執行。

問題討論

①. 你覺得運動競賽活動有哪些重要價值？

②. 請問你的生活經驗中，有哪些運動競賽活動令你印象深刻？爲什麼？

③. 請試著應用 5W2H 方式簡要分析一項運動競賽活動的規劃要素。

④. 請試著應用 PDCA 迴圈分析有 12 隊報名參加的班際籃球運動競賽活動的初步規劃步驟。

參考文獻

王宗吉（1996）。體育運動社會學（修訂版）。銀禾文化。

Chapter 2

運動競賽規程

「○○年全國中等學校運動會，某縣市學校錯過報名時間，因全中運組織委員會同意該校補報名乙案而引起社會廣泛討論，認為不符競賽規程要點，此舉對選手、學校及主辦單位都造成極大傷害」；「○○學年度高中乙組籃球聯賽南區複賽，某校依據競賽規程規定要求對方選手出示學生證，但對方並未備妥相關證件因而判定落敗。」從上述兩起案例來看，二者皆為競賽規程而起，前一例是主辦單位未依規定秉公處理造成社會影響；後一例是依據規定公正做出裁決。由此可知競賽規程是比賽最高的指導原則，是所有參賽隊伍的準則，主辦單位在執行比賽以及處理爭議訴訟時，皆可依據競賽規程內容來執行，以避免爭議。據此，本章將介紹製定競賽規程時，應考量的原則、內容與步驟，讓賽事能順利進行，並圓滿結束。

◀ **學習目標**

1. 瞭解製定運動競賽規程的考量因素。
2. 瞭解製定運動競賽規程的內容。

🔒 2-1 運動競賽規程考量因素

　　在運動競賽活動中，「競賽規則」與「競賽規程」是貫穿整個競賽活動的兩大主軸，競賽規則主要是對競賽技術規範、確定勝負和有關場地器材條件的規定；而競賽規程著重在賽會的管理部分。競賽規程中說明的競賽時間、地點、比賽器材、勝負制的判定、運動員資格規定等，以補足規則無法涵蓋的範圍，規範所有參賽隊伍或參賽選手予以遵從，讓比賽能在公平、公正的狀態下進行，使活動圓滿和諧的結束。

　　因而，運動競賽規程是針對競賽做出具體規範，製定具體措施，具有權威制與強制性。所以在訂定運動競賽規程時就必須非常謹慎與嚴謹，除了依競賽的目的思考外，也要參酌國家體育運動方針、政策、法規及教育部製定的賽會準則相符，以確保參與競賽的相關人員都能嚴格遵守。

　　為使競賽規程的內容時能更符合實際狀況，應考量可行性、公平性、穩定性、運動競賽計畫、競賽目的和任務、客觀實際條件等 6 項因素（許樹淵，2003；葉憲清，2005）：

(一) 可行性

　　競賽規程所提出的方案和內容，必須從實際的人力、物力、經費預算、場地器材和時間等方面考慮，根據競賽的規模、水準、參加對象及現有的場地情況靈活安排，必要時可根據場地條件來設定比賽項目的確定競賽時間。

(二) 公平性

競賽規程是全體參賽人員應共同遵守和執行的規範與準則，無論是任何參賽隊伍均應享受同等的待遇。在一定的時間、空間和相同條件下進行競賽，這樣才能有利參賽選手充分發揮技術、戰術，提高競賽的精彩度與可看性。

(三) 穩定性

競賽規程公布後就不能隨便變更，若規程中確有不合理的內容需要修正或補充時，盡可能在比賽前進行修改。一般在比賽開始後，規程不能再更動，以保證規程的嚴謹和權威。除此之外，還應注意競賽規程的文字表達需要掌握「簡單明瞭、淺顯通達、明白清楚、明確肯定」之要領，內容要詳盡完整，避免模稜兩可甚至難以理解，造成混亂。

(四) 運動競賽計畫

競賽規程應依據學校、地方或全國性、國際性體育組織的競賽計畫來製訂。競賽規程是多年度或年度（學校則以學年或學期）競賽計畫中，安排的某一次競賽活動實施的具體法規，其內容可根據情況發展的需要進行適當修正。

(五) 競賽目的和任務

競賽規程應考慮國家體育運動方針或與教育部制度、準則相符合，展現運動競賽的遠期目標與近期策略，有效地調整與推動體育的改革和方向。

(六) 客觀實際條件

1. 比賽場地與設備條件：比賽場地數量、場地設施與空間大小之考量。
2. 人員編製：辦理運動競賽可分為籌備系統人力與裁判系統人力兩種，例如籌備委員及各組組長和組員屬於籌備系統，而裁判、記錄台則為裁判系統。
3. 參賽隊伍或人數。
4. 經費條件：經費的有無與多寡會影響比賽是否能夠舉辦與比賽的規模。

🔒2-2 競賽規程内容

　　競賽規程主要内容應包括：依據、競賽名稱、目的、任務、時間、地點、舉辦單位或承辦單位、競賽的項目、組別、參加方法、競賽辦法、競賽規則、錄取名次與獎勵、報名和報到、裁判員與仲裁委員會、注意事項或未盡事宜以及本規程解釋權的歸屬單位等。

一、依據

　　敘述舉辦運動比賽的法令與依據。例如：依據《教育部年度體育施政計畫》、《各級學校體育實施辦法》等辦理。

二、競賽名稱

　　依據任務確定比賽名稱。名稱要顯示是什麼性質的比賽，哪一年（或第幾屆）的比賽。運動會的名稱一般用全稱，例如：○○年全國運動會；○○年全國中等學校運動會；○○學年度 HBL 高中籃球聯賽；○○年○○盃全國中等學校田徑錦標賽……等。在賽會期間的檔案、標語、宣傳等方面，名稱要統一。

三、競賽目的、任務

　　依據本次競賽活動的要求，簡要說明本次競賽的目的、任務。

範例：

1. 以籃球比賽為例：「推動籃球運動風氣，增進身心健康及培養運動精神，提升籃球運動競技能力。」
2. 以班際比賽為例：「提升校園運動風氣，強化班級凝聚力，建立學生良好運動習慣，促進身心健康並增強體能。」

四、競賽時間、地點

競賽時間應寫明預賽、決賽開始和結束的年、月、日及舉行比賽的地點。競賽日期的擬訂，需要蒐集以下資訊：

（一）體育署年度行事曆重要賽事辦理日期，例如：全國運動會、全國中等
學校運動會；籃球、排球、棒球等聯賽。

（二）各單項協會辦理之賽事日期。

（三）各校運動會或考試日期。

（四）地方政府辦理之賽事日期。

（五）預計借用場館之可租借日期。

五、指導單位、主辦單位、承辦單位、協辦單位

以學校為主辦單位為例：指導單位應為教育部及地方縣市政府，主辦單位為學校，承辦單位為學校內處室，協辦單位可為校外其他學校或單位，若本次賽事有贊助廠商則列入協辦單位。

六、競賽組別

運動競賽為求公平與合理，競賽組別的擬定可以有幾種規劃：

（一）以性別分組：分成男子組與女子組。

（二）以學制分組：分成大專校院組、高中（職）組、國中組與國小組。

（三）以年級分組：

1. 大專校院組：大專校院因各年級學生生長與發育差異不大，較少以年級
區分。

2. 高中（職）組：分成高一組、高二組、高三組。

3. 國中組：分成國一組、國二組、國三組。

4. 國小組：有幾種分法

(1) 分成六組：小一組、小二組、小三組、小四組、小五組、小六組。

(2) 分成三組：低年級組（小一、小二）、中年級組（小三、小四）、高

年級組（小五、小六）。

（四）以年齡分組：如青年組、壯年組、老年組，或是以年紀加總的百歲組等分組組合。

（五）以技術分組：分成甲組與乙組。

1. 大專校院組：(教育部，2023)

(1) 曾具體育運動相關系所之學生。

(2) 依《中等以上學校運動成績優良學生升學輔導辦法》規定入學大專校院及專科學校五年制（以下簡稱五專）之學生，含甄審、甄試、單獨招生、轉學（插班）考試加分等（經轉學插班考試者，如原參賽組別為一般組或乙組者不在此限）。

(3) 入學管道採計運動專長術科檢定或術科測驗（非基本體能）或運動成績之學生。

(4) 具有社會甲組或職業運動員資格者。

(5) 就讀高級中等以上學校時期入選各競賽種類之國家（地區）代表隊運動員，唯身心障礙比賽之國家（地區）代表隊，不涉及競賽規程第十條第七款第一至四目者，得參加一般組。

(6) 就讀高級中等以上學校時期參加國際運動總會、國際單項運動總會舉辦之錦標賽、認可之國際比賽，或列有國際單項運動總會之國際排名。

(7) 就讀高級中等以上學校時期獲得全國運動會、全國中等學校運動會、全國中等學校運動聯賽最優級組或本部升學輔導指定盃賽最優級組前八名運動員。

2. 高中（職）組與國中組：由參賽隊伍自行選擇參加甲組或乙組比賽。

以「○○年全國第○○屆○○盃排球錦標賽」為例，本項賽事的組別有20組之多，分為：

(1) 社會男子組	(2) 社會女子組	(3) 大專男子組	(4) 大專女子組
(5) 高中男子甲組	(6) 高中男子組	(7) 高中女子甲組	(8) 高中女子組

(9) 國中男子甲組	(10) 國中男子組	(11) 國中女子甲組	(12) 國中女子組
(13) 男童六年級組	(14) 女童六年級組	(15) 男童五年級組	(16) 女童五年級組
(17) 壯年男子九人制組		(18) 長青男子九人制組	
(19) 媽媽九人制組		(20) 男女混合九人制組	

資料來源：中華民國排球協會，https://www.ctvba.org.tw/article/1192/。

七、運動員資格

　　運動員資格是指參賽選手的條件標準，包括運動員年齡、健康狀況、代表資格、運動等級、運動成績、達標規定等，而代表學校參賽之學生，主辦單位會要求完成註冊手續並於學生證加蓋註冊章等條件。

範例：以 HBL 高中籃球聯賽為例，因為屬於教育部重要的學生競賽活動，在球員的資格就需詳細的規定，以符公平之原則。內容如下：

1. 年齡：民國○○年 9 月 1 日（含）以後出生者。

2. 學籍：

(1) 具有就讀學校學籍之高級中等學校在學學生。

(2) 曾報名參加高級中等學校籃球聯賽之轉學生或重考生，若報名時必須具有就讀學校 1 年以上之學籍（以主管教育行政機關核定之學年開學日為基準日起計）。

3. 球員如有下列情形之一者，學籍不受限制，惟需檢附相關證明文件，使得參賽：

(1) 依法規規定，輔導轉學之學生。

(2) 原就讀之學校係因教育部諭令停招、解散之學生。

(3) 已報請行政主管機關並獲核准學校停招、停辦之學生。

(4) 學校運動代表隊經行政主管機關核准解散，並由所屬機關函報教育部體育署同意備查之學生；其解散之運動代表隊，以新學年度起 3 年內不得組隊報名參加。

(5) 參賽學校應自行指定醫院檢查身體狀況及認定性別，可參加劇烈運動者，方可報名參加，檢查相關證明留存學校備查。

(6) 為顧及女性參賽權益，如有生育事實並檢附證明文件經技術委員會專案審核通過者，參賽年齡得延長 2 年。

(7) 凡簽約、註冊、登錄為職業籃球聯盟球員或經註冊為中華民國籃球協會社會甲組球員之高級中等學校在學學生，不得報名參加。

八、競賽辦法

（一）確定比賽所採取的競賽方法，例如：淘汰賽、循環法、混合賽及其他特殊的方法。比賽是否分階段進行，各階段採用的競賽方法是否相同，各階段比賽的成績如何計算和銜接。

（二）具體的編排原則和方法。

（三）確定名次及計分辦法。

（四）對運動員（隊）違反規定的處罰方法（如棄權等）。

（五）規定比賽使用的器材（如比賽用球的品牌等），運動員比賽服裝、號碼等。

範例：以○○盃全國羽球錦標賽為例，由於受限於場地與報名組數眾多，比賽辦理方式與國際規則不同，則需在競賽規程中說明。內容如下：

1. 本比賽採用中華民國羽球協會公布之最新羽球規則（依世界羽球聯盟 BWF 新制所訂規則）。

2. 比賽皆採新制 25 分壹局（24 分平不加分）定勝負（13 分交換場邊）。若報名組數過多，學生組賽程則改制為 21 分壹局（20 分平不加分）定勝負。

3. 比賽方式視報名隊數決定採循環賽或淘汰賽，於抽籤時宣布。

4. 如採循環賽時，積分算法如下：

　(1) 勝 1 場得 2 分，敗 1 場得 1 分，棄權得 0 分，積分多者為勝。

　(2) 2 隊積分相等，勝者為勝。

　(3) 3 隊以上積分相等，以該相關隊比賽結果依下列順序判定：

　　　A. (勝點和)－(負點和) 之差，大者為勝；若相等則以 B 方式判定。

　　　B. (勝局和)－(負局和) 之差，大者為勝；若再相等則以 C 方式判定。

　　　C. (勝分和)－(負分和) 之差，大者為勝；若再相等則以 D 方式判定。

　　　D. 若再相等，由裁判長抽籤決定之。

5. 比賽時務必攜帶貼有相片文件正本或服務識別證以備查詢，若提不出證件者，裁判可判其棄權。

6. 如有冒名頂替者，除取消其比賽資格外，該隊以棄權論。

7. 抽籤後不得再更改球員名單。

8. 參賽球員逾比賽時間 3 分鐘不出場者以棄權論，棄權後之其他賽程不得再出賽（時間以大會所掛時鐘為準）。如遇賽程提前時，請依大會廣播出賽，如有特殊事故得依賽程表時間出賽，並不宣判棄權；但如遇賽程拖延，經大會廣播出賽 3 分鐘內仍未到場比賽者，即宣判棄權，不得異議。

9. 各參賽組項若不足 6 組時，則採併組或取消該單項為原則。

九、競賽規則

　　提出競賽採用的規則和有特殊的補充及競賽規則以外的規定或說明。

範例：○○年○○盃全國羽球錦標賽的競賽規則
1. 凡中途無故棄權退出比賽，則取消其後續賽程資格，成績不予計算，以後之出賽權亦予取消；如因傷棄權，棄權當日之賽程亦予以取消，惟隔日如有賽程，仍可出賽。

2. 參加比賽應攜帶證明身分相關文件，或附有照片且蓋有學校印鑑之在學證明，以備查驗。

3. 如遇特殊事故必須更改賽程時，經主辦單位口頭或書面通知，各隊不得異議。

4. 獎狀發放時，教練欄位最多填寫 2 人。

5. 不服從裁判及裁判長之判決與不遵守大會規定者，得取消其比賽資格。

6. 比賽如遇撞場或連場，給予 10 分鐘休息，並請務必於賽前告知競賽組，以便調整賽程。

十、錄取名次與獎勵

（一）規定競賽錄取的名次，獎勵優勝者的名次及辦法。例如：對優勝者（隊）分別給予獎杯、獎旗、獎狀、獎章及獎金等。

（二）設定技術獎時，規定技術獎勵的內容和評選方法等。

範例：獎勵辦法

1. 參加隊伍 8 隊（含）以上錄取前四名，頒發獎盃。

2. 參加隊伍 4 隊（含）至 7 隊（含）錄取前三名，頒發獎盃。

3. 社男甲組另設獎金鼓勵，冠軍獎金新臺幣捌仟元，亞軍獎金新臺幣伍仟元，季軍獎金新臺幣臺仟元。

4. 國男組、國女組獲獎之學生另頒獎狀以資鼓勵。

※ 備註：獲各組優勝之球隊，請務必派員參加頒獎儀式。

十一、報名辦法

規定各單位運動員（隊）報名的人數、時間和截止報名的日期，書面報名的格式和投寄的地點，並應註明以寄出或寄到的郵戳日期為準，以及違反

報名規定的處理辦法。

範例：○○年第○○屆○○盃全國籃球錦標賽實施計畫

1. 請至國立○○高中網頁 http://www. ，第○屆○○盃報名專區完成線上報名。
2. 請將參賽同意書（附件 1）及報名費郵寄或傳真至國立○○高中學務處。（傳真：○○-○○○○○○○○）
3. 以掛號郵寄（通信報名以郵戳為憑），地址：（郵遞區號）○○市○○路○○段○○巷○○號。郵寄後請再電話告知確認。傳真或口頭報名概不受理。
4. 未繳參賽同意書及報名費，視同未完成報名手續。

十二、抽籤日期和地點

　　凡屬需要抽籤進行定位和分組的競賽項目，應在規程中規定抽籤的日期、地點和辦法。

範例：

訂於 6/24（星期三）下午 2 時 30 分，於國立○○高中會議室召開，進行競賽規程說明及抽籤（會後不得再更換球員名單），請參賽球隊務必撥冗派員參加。領隊會議不克參加，則由主辦單位代抽，不得異議，全部賽程將於 7/8 前公告於國立○○高中公告資訊系統。

十三、申訴規定

　　參賽單位對於比賽結果有疑義能採取的方式或措施。

> **範例**：○○盃排球錦標賽申訴規定內容
>
> 1. 對球員身分有疑義時應於球賽開始雙方列隊時提出，經雙方檢查身分證件，如有不符者則判定該點為棄權。
> 2. 如有抗議事件，除當場口頭抗議外，須於事實發生後 30 分內具正式抗議書經教練簽章，送大會審查。並繳交保證金新臺幣 2,000 元整，以大會之判決為終結，不得再抗議。若抗議成立，保證金退回；不成立，保證金沒收，不得異議，抗議時間內球賽不得停止。

十四、其他事項

（一）有關未盡事宜的補充，如經費、交通、住宿條件等。

（二）註明規程解釋權歸屬單位（一般歸屬應屬主辦單位）。

🔒2-3 競賽規程實例

　　本節以辦理全國性及校內運動競賽分別舉例說明，其中，全國性要特別考量報名方式、運動員資格設定、報名費用、報名時間等；而校內運動競賽則是競賽時間、地點等作細部規劃，其他則是按照競賽規程相關內容依序擬定即可。

範例一：○○縣立○○國中辦理全國性籃球錦標賽之競賽規程實例

> **○○年第○○屆○○盃暨青春專案全國籃球錦標賽競賽規程**
>
> 一、宗旨：
> （一）辦理全國性籃球競賽活動，帶動全民運動風氣及健身習慣。
> （二）鼓勵外縣市球隊及愛好籃球運動人員參加活動，增進技術交流。
> （三）辦理教育部「暑期青春專案」宣導，提倡青少年正當休閒活動。

（四）藉由舉辦運動賽事，促進○○縣觀光旅遊產業經濟效益。

二、指導單位：教育部體育署。

三、主辦單位：○○縣政府、○○縣議會、○○縣警察局、○○市公所、○○縣體育會、財團法人○○宮。

四、承辦單位：○○縣立○○國中、○○縣警察局、○○縣體育會籃球委員會、救國團○○縣團委會。

五、協辦單位：○○縣衛生局、○○縣學生校外生活輔導會、○○縣立體育場、國立○○高商、國立○○高中、○○縣立○○國中。

六、贊助單位：○○股份有限公司。

七、比賽日期：○○年 7 月 21 日至 26 日。

（一）國男組、國女組：○○年 7 月 21 日（星期二）至 7 月 24 日（星期五）。

（二）老馬組、社男甲組（含高中組）、社男乙組（含青馬組）、社高女組：○○年 7 月 23 日（星期四）至 7 月 26 日（星期日）。

八、比賽地點：○○縣立體育館、○○高商、○○國中、○○國中。

九、開幕時間：○○年 7 月 22 日（星期三）上午 10 時整。地點：○○國中體育館。

※備註：請各參賽隊伍務必參加開幕式（老馬組、社男甲組、社男乙組及社高女組，請派 5 位球員參加開幕式），否則沒收保證金（沒收之保證金納入雜費支出）。

十、比賽組別及資格：

（一）社男甲組（限 24 隊）、社高女組：凡對籃球運動有興趣者皆可組隊參加。

（二）國男組、國女組：凡國民中學在籍之男、女學生，以校為單位，皆可組隊參加。

（三）老馬組：凡每位球員年滿 45 歲以上〔民國 64（含）年次以前出生者皆可參加〕組成之球隊（比賽時請攜帶身分證或健保卡以備查驗，不符年齡規定者不得下場比賽）。

（四）社男乙組（含青馬組）：

1. 凡本縣轄區內各高中（職）、專科升二升三在籍學生，未曾參加高中籃球校隊者及未曾代表學校參加高中籃球聯賽者，可跨校聯合組隊參賽（比賽時請帶在校學生證及身分證以備查驗，不符規定者不得下場比賽）；另今年國中應屆畢業生亦可參賽。

2. 凡每位球員年滿35歲以上〔民國○○（含）年次以前出生者皆可參加〕組成之球隊（比賽時請攜帶身分證或健保卡以備查驗，不符年齡規定者不得下場比賽）。

※備註：

(1) 各組報名隊數未滿6（含）隊，不予舉辦或併入其他組辦理。

(2) 為求公平公正之原則，不符參賽資格者請勿報名或冒名下場比賽，違者取消該隊所有比賽成績並沒收保證金。

(3) 凡今年高中（職）之應屆畢業生、專科三升四年生或校隊二軍均不得參加社男乙組之比賽，違者取消該隊資格。

(4) 參加國男組、國女組的隊伍請帶學生證以備查驗。

十一、報名日期：○○年6月15（星期一）上午8時起至○○年6月20日（星期五）下午5時截止。

十二、報名費用：社男甲組，新臺幣3,000元整，另收保證金新臺幣1,000元；老馬組、社男乙組、社高女組，新臺幣2,000元整，另收保證金新臺幣1,000元；國男組、國女組免收報名費、保證金。

※ 備註：

1. 協辦單位、贊助單位免繳報名費。

2. 各隊繳交之保證金請於開幕式會場領取。

十三、報名方式：

(一) 請至○○縣立○○國中網頁（http://www.**********），第一屆○○盃報名專區完成線上報名。

(二) 請將參賽同意書（附件1）及報名費繳至○○縣立○○國中，收件時間晚上7時至9時。

(三) 以掛號郵寄（通信報名以郵戳為憑），地址：（郵遞區號）○○市

　　○○路○○號。郵寄後請再電話告知確認。傳真或口頭報名概不受理。

※以上若有問題請聯絡○○國中○○○主任 38**** 轉 **，手機 09**-****** （未繳參賽同意書及報名費，視同未完成報名手續）。

十四、報名隊數及人數：（以下各組可登錄球員上場人數 12 名）

（一）社男甲組：隊數限 32 隊。依報名順序錄取；如未於期限內完成報名手續者由備取者遞補，不得異議。每隊可報職員 4 名（含領隊、教練、助教、管理）、球員 15 名（可登錄上場人數 12 名）。

（二）老馬組、社男乙組、社高女組、國男組、國女組：每隊可報職員 4 名（含領隊、教練助教、管理）、球員 15 名（可登錄上場人數 12 名）。

十五、比賽規則：採用中華民國籃球協會審定之最新國際籃球規則。

十六、比賽制度：視各組報名隊數多寡另行排訂。

十七、領隊會議：訂於 6/24（星期三）下午 5 時 30 分，於○○縣立○○國中校長會議室召開，進行競賽規程說明及抽籤（會後不得再更換球員名單），請參賽球隊務必撥冗派員參加。領隊會議不克參加，則由主辦單位代抽，不得異議，全部賽程將於 7/8 前公告於○○國中公告資訊系統。（http://www.*********）

十八、獎勵辦法：

（一）參加隊伍 8 隊（含）以上錄取前四名，頒發獎盃。

（二）參加隊伍 4 隊（含）至 7 隊（含）錄取前三名，頒發獎盃。

（三）社男甲組另設獎金鼓勵，冠軍獎金新臺幣 8,000 元，亞軍獎金新臺幣 5,000 元，季軍獎金新臺幣 1,000 元。

（四）國男組、國女組獲獎之學生另頒獎狀以資鼓勵。

※ 備註：獲各組優勝之球隊，請務必派員參加頒獎儀式。

十九、比賽爭議：

（一）比賽爭議時，如規則上有明文規定者，以裁判之判決為終決，如有同等意義之註明，亦不得提出申訴。

（二）合法之申訴，應由各單位領隊或其代表簽字蓋章，並附繳保證金新臺

幣 5,000 元整，用書面（附件 2）向審判委員會提出，如經查核認為申訴無理由時得沒收其保證金，充作辦理比賽費用。

（三）關於競賽所發生之問題，除當時得用口頭申訴外，仍需依照前項規定，於該項成績宣布之 30 分鐘內，補具正式手續提出，否則概不受理。

二十、附則：

（一）比賽球衣請穿著相同之背心、短褲（背心需束入短褲內），並有明顯隊名、號碼，以茲識別，未依規定上場者（只限球褲不一致），宣判該隊教練技術犯規 1 次。

（二）請各隊依賽程排定時間提前 30 分鐘至記錄台填寫出賽名單；賽程表排名在前的球隊，請穿著淺色球衣，其球隊席區位於記錄台（面向球場）左邊；賽程表排名在後的球隊，請穿著深色球衣，其球隊席區位於記錄台（面向球場）右邊。

（三）請各領隊或教練認定各參賽人員之身體狀況可參與劇烈運動，方可報名參加。意外醫療等其他保險等由參加活動人員或隊伍自行投保，承辦單位不另辦理保險。

（四）為求公平公正之原則，不合資格者請勿報名或冒名下場比賽（比賽時請攜帶身分證或學生證以備查驗），違者取消該隊參賽資格並沒收保證金；違規之球員將禁止其參加未來 1 屆賽事。

（五）比賽期間如有發生互毆、罷賽、無故棄賽、毆打或侮辱裁判，或有棄守不攻（經承辦單位認定），意圖妨礙比賽正常進行等情事發生者，除按規定停止相關隊職員或隊伍出賽，並沒收比賽及取消該隊所有參賽成績，本會未來 2 屆賽事不受理該隊參加，並報請有關單位處理。

（六）各參賽隊伍需依照大會所排定賽程參賽，若無法於大會所定時間參賽者，請勿報名。

（七）本規程如有未盡事宜，得由承辦單位修訂之。

二十一、賽事期間將配合中央流行疫情指揮中心「防疫新生活運動」辦理相關場館防疫措施，請參賽隊伍務必配合辦理。

※ 有關防疫措施將公告於本校網頁。

二十二、辦理本計畫績優人員，依○○縣政府所屬教育專業人員獎懲標準補
　　　　充規定辦理敘獎。

範例二：國立○○大學辦理校內球類錦標賽之競賽規程實例

國立○○大學○○○學年度新生樂活盃排球競賽實施計畫

一、宗旨：為推廣校園體育運動風氣，強健學生體魄，促進身心健康，增進
　　　　學生之間互動關係。

二、主辦單位：運動與健康中心。

三、承辦單位：一般女子排球運動代表隊、一般男子排球運動代表隊。

四、比賽日期：民國○○○年10月24日（一）至○○○年10月28日（五）。

五、比賽地點：室外排球場。

六、參賽資格：凡本校○○○學年度第一學期註冊之學生。

（一）新生組：以班、系或所為單位，○○○學年轉入本校之轉學生，視為
　　　　新生，得參加新生組（隊數超額以報名成功先後順序取隊）。

1. 男子組（限8隊，限同系，每系限報名一隊）。

2. 女子組（限8隊，限同系，每系限報名一隊）。

（二）樂活組（隊數超額以報名成功先後順序取隊）。

1. 男子組（自由組隊；每人限報一隊，不可重複報名兩隊，限12隊）。

2. 女子組（自由組隊；每人限報一隊，不可重複報名兩隊，限12隊）。

3. 混合組（自由組隊；每人限報一隊，不可重複報名兩隊，限10隊）。

七、報名方式：網路線上報名。

（一）新生組報名網址 https://forms.gle/......。

（二）樂活組報名網址 https://forms.gle/......。

（三）以網路填表時間為憑，逾時不受理且不接受現場報名，各隊聯絡人請
　　　　於報名表單內加入「○○○新生樂活盃排球」群組。

八、報名日期：即日起至民國○○○年10月14日（五）23:59止。

　　　　　聯絡人：【隊長龔○○ 0905******】

　　　　　　　　　【副隊長郭○○ 0970******】

九、抽籤及領隊會議：

（一）日期：民國○○○年 10 月 17 日（一）12:10 召開。

（二）地點：體育館桌球室。

（三）各隊領隊未到場參加抽籤者，由主辦單位代抽，不得異議。

（四）報名完成後，如需修正，僅可在領隊會議上提出並修正。

十、競賽制度：預賽採循環制，決賽採單敗淘汰制。預賽皆採單局 31 分決
　　　勝制，比數 16 分時交換場地；複決賽採三戰二勝制，一局 25 分，決勝
　　　局 15 分，若雨備視情況調整賽程並另行公告。

（一）比賽規則：採用中華民國排球協會審定之最新規則。

（二）比賽用球：Conti 橡膠球。

十一、獎勵：

（一）新生組之男子組及女子組、樂活組之男子組、女子組、混合組各組報
　　　名隊伍數 4 隊以下，取一名；5 至 6 隊，取兩名；6 隊以上取三名。

（二）得名隊伍及組別頒發錦旗與獎品以茲鼓勵。

十二、競賽細則：

（一）新生可打樂活組；大二以上之○○○學年度上學期轉學生可報名新生
　　　組。運動員應提前 20 分鐘到場檢錄，並準時出場比賽，以大會時間
　　　為準，逾時未出場者，以棄權論。運動員出場比賽時，應攜帶本學期
　　　註冊之學生證或在學證明，未攜帶者不得出場比賽。

（二）該隊在開賽前未檢錄之運動員，不得於比賽進行時中途出賽。

（三）運動員應遵守規則，服從裁判，裁判有停止其比賽之權責。凡比賽發
　　　生非規則或本會規則中無明文規定之問題，則由大會審議之，以主審
　　　判決為終決。

（四）每隊於每局可以暫停 2 次，每次暫停計時 30 秒。

（五）各隊如有不符規定之選手出場比賽，一經證實即停止該隊繼續比賽，
　　　已完賽之成績不予以計算。

（六）專項體保生可報名參賽，但至多 2 位同時上場，專項獨招生不限在此。

（七）僅限樂活組隊中，有兩名或以上一般組或公開組球員，列為種子隊，並分在不同循環。

（八）除混合組，男生不可報名女子組。女生可報名男子組，且視同男子球員。同項目比賽不可重複報名。

（九）循環賽勝一場可得積分 2 分，敗隊可得積分 1 分，棄權 0 分，以積分多者為排名在前者進入決賽。積分相同時，則以相關各隊在該循環賽全賽程中所得總分除以所失總分之商數，大者為勝。

（十）球員出賽時必須穿著具有可明顯辯識號碼及相同顏色之球衣，若無號碼則將直接提供號碼衣，不得異議。自由球員需穿著可辨識不同於一般球員之服裝與號碼。此外，場上不得出現相同號碼的球衣。

（十一）若組別之報名隊數未達 3 隊，將不施行該組別之競賽。

（十二）樂活混合組上場人數為男生至少 1 名、至多 2 名（需站對角），女生至少 4 名。男生視同後排球員，且三球內至少一顆為女性觸球，且至前排擊球瞬間，不可整顆球高於白帶。

（十三）自由球員：採用中華民國排球協會審定之最新規則（19.3）。

十三、申訴：

（一）若對雙方選手有異議，須於「比賽前」雙方檢錄身分時提出，比賽中提出申訴視同無效。

（二）比賽中申訴之事件應由隊長以書面提出，並繳交 500 元申訴費，向大會提出，若判定申訴無效則申訴費沒收，申訴有效則退還，不得異議。

（三）有關競賽規則所發生之問題，除當時應以口頭提出外，須依規定於 30 分鐘內補辦正式手續，否則視同放棄申訴權。

十四、其他事項：

（一）競賽期間各參賽隊職員之保險，請自行負責。

（二）防疫期間，室外排球場內僅限工作人員、正在比賽球員、下一場預備比賽球員入內，球員熱身及觀眾請至場外，上述除場上正在比賽球

員、裁判外，應全程配戴口罩。

（三）本競賽規則如有重大異議，由承辦單位擇期召開會議討論之，如僅細節或文字修訂，則由承辦單位彙整後逕行決定，並通知各參賽單位辦理。

（四）詳細賽程及資訊以運動與健康中心網頁上公布為主。

（五）本競賽規程若有未盡事宜，得由大會核定後實施。

2-4 結語

「非規矩不能定方圓，非準繩不能正曲直。」競賽規程就如同運動競賽活動的規矩及準繩，規程內容不但要讓參賽單位清楚明瞭，更是主辦單位在執行比賽以及處理爭議訴訟時的依據，所以在製定競賽規程時不能出現太多爭議的模糊空間，如果主辦單位為因應運動競賽活動當時的條件擬訂不同於正規比賽的規則或方式，更需慎重其事，要在賽前確保每隊（人）都確實瞭解並接受競賽規程，最重要的是，若有疑慮時可於賽前的領隊會議提出，千萬不可模糊帶過。競賽規程的製定使得運動競賽活動得以公平、公正與公開的進行，不僅能讓參賽隊伍盡情發揮競技實力，也能讓主辦單位清楚掌握比賽環節，圓滿達成任務。

問題討論

1. 你覺得運動競賽規程具有哪些重要價值？

2. 請試著擬定班級內小型籃球比賽競賽規程。

參考文獻

許樹淵（2003）。運動賽會管理。師大書苑。

葉憲清（2005）。學校體育行政。師大書苑。

鄭志富（2010）。體育行政與管理。師大書苑。

Chapter *3*

運動競賽賽制
選擇與編排

時 間：20XX 年○月○日

地點：○○市某國中會議室

性質：○○盃全國籃球錦標賽第四次籌備會會議過程

事由：社男組報名的隊伍超過 5 隊，比賽場地可能無法容納這麼多場次，要如何因應？

A 理事：「可以再借一面場地，讓比賽可以順利進行。」

B 理事：「租借場地不一定能借到，而且要多增加經費，工作人員、裁判及交通等問題都需要考量。」

C 理事：「可以改為單敗淘汰制嗎？」

競賽組：「許多隊伍是遠道而來參加比賽，如果只比一場，怕明年可能就沒人參加我們的比賽……」

B 理事：「如果我們修改規則，縮短比賽時間，例如分組循環時改成每節 7 分鐘的方式進行，決賽再改回原來的每節 10 分鐘的方式，不曉得可不可以？」

理事長：「這個辦法似乎可行，請競賽組儘速擬定辦法，趕快確定競賽方式，讓參加隊伍瞭解。」

這是某區域型運動協會舉辦籃球競賽活動籌備會的討論過程，從對話中可知，選擇競賽制度，比賽目的、任務、期限、項目特性、參加隊數人數、場地設備及場地的數量等條件都需清楚，才能選用哪種競賽制度來確定優勝者順序，所以為使比賽順利與公平競爭，健全運動比賽制度是運動競賽不可或缺的一環。接下來本章將介紹在採用運動競賽賽制需注意事項及各種賽制類型，使比賽能夠更符合實際的需求。

◀ 學習目標

1. 瞭解循環賽制、淘汰賽制及混合賽制的編排方式。

2. 瞭解賽程總表的編制方法。

3. 瞭解選用運動競賽賽制應注意的事項。

🔒3-1 循環賽制（Round Robin Tournaments）

　　參賽隊伍或選手在比賽過程中均需相互對戰的制度稱爲循環賽，相互對戰一次者爲單循環賽，相互對戰二次者爲雙循環賽，如果相互對戰多次數者爲多循環賽。

※ 優點

1. 參賽各隊（人）皆能對戰，藉由互相觀摩與學習，有利提升競賽實力。

2. 賽期時間長、場次多，有利發揮平時訓練的內容。

3. 沒有籤運成分，勝負排序客觀。

4. 較能表現實力。

※ 缺點

1. 比賽場次多，經費相對增加。

2. 賽期時間久，不利於比賽日程較短者。

3. 參賽隊伍多及比賽場地過少者不宜採用。

※ 使用時機

比賽時間長，競賽場地固定之個人或團體，例如：

1. 學校選修課程競賽活動。

2. 社團社內競賽活動。

3. 運動訓練營內競賽活動。

一、單循環賽制編排須知

參賽隊伍或選手在比賽過程中相互對戰一次者稱爲單循環，由於隨著參賽數增加，循環賽制的安排必須避免短少賽程的失誤發生，所以賽制編排前需要依據參賽隊數或人數計算以下資料：

· 比賽總場數：確認需比賽場數，以避免遺漏賽程。

· 週期（輪）數：週期（輪）之計算，能有效提供賽制編排的步驟，避免重複安排對戰賽程。

(一) 場數計算公式

循環賽制的總場數是以單循環賽來計算，從表 3-1 所示（7 隊爲例），我們將對戰組合由 1 至 7 依序排出加總，找出循環賽賽制總場次是以等差級數的形式排列，因而得出循環賽場次計算公式（如圖 3-1 所示），7 隊代號（1～7）場次計算表如表 3-1 所示。

表 3-1　7 隊場次計算表

隊伍	1	2	3	4	5	6	7
對戰組合	1-2	2-3	3-4	4-5	5-6	6-7	
	1-3	2-4	3-5	4-6	5-7		
	1-4	2-5	3-6	4-7			
	1-5	2-6	3-7				
	1-6	2-7					
	1-7						
場數	6 場	5 場	4 場	3 場	2 場	1 場	0 場
合計	21 場						

$$S=\frac{N(N-1)}{2}$$

S：場數
N：隊（人）數

 **圖 3-1　循環賽賽制場次計算公式圖**

例如：6 隊（人）參賽，$S=\frac{6(6-1)}{2}=15$ 場

(二) 循環賽週期（輪）數計算公式

由於比賽需兩隊才能成賽，參賽隊（人）數是單數或雙數會影響循環賽制的編排，為確保參賽隊伍都能相互對打，避免發生重複對打或少打的情形，所以我們需先了解以下兩個名詞：

・週期（輪）（Round）：是指參賽隊伍均需出場比賽一次而言。

・輪空（Bye）：參賽隊伍為單數時，每一週期必有一隊 Bye。

※ 計算步驟

1. 先計算場數（S）。
2. 再計算（參賽隊伍）N/2 之商。
3. 週期（輪）數（R）＝場數 S／商。

※ 溫馨提醒

為何要計算（參賽隊伍）N/2 之商？因為每場比賽需 2 隊下場，將參賽隊伍除以 2 後所得之商即每一週期（輪）內可辦場次；如遇參賽隊數為單數時，所得之商小數點需無條件捨去。

1. 試計算 6 隊、8 隊的週期（輪）數？

6 隊參賽之週期（輪）數	8 隊參賽之週期（輪）數
(1) 場數 S = 6(6 − 1)/2 = 15	(1) 場數 S = 8(8 − 1)/2 = 28
(2) N/2 之商 = 6/2 = 3	(2) N/2 之商 = 8/2 = 4
(3) 週期（輪）數 R = 15/3 = 5	(3) 週期（輪）數 R = 28/4 = 7

2. 試計算 5 隊、7 隊的週期（輪）數？

5 隊參賽之週期（輪）數	7 隊參賽之週期（輪）數
(1) 場數 S = 5(5 − 1)/2 = 10	(1) 場數 S = 7(7 − 1)/2 = 21
(2) N/2 之商 = 5/2 = 2.5（小數點捨去）	(2) N/2 之商 = 7/2 = 3.5（小數點捨去）
(3) 週期（輪）數 R = 10/2 = 5	(3) 週期（輪）數 R = 21/3 = 7

　　從上述單、雙數之週期（輪）數的計算結果發現，雙數隊之週期（輪）數比參賽隊伍減 1，而單數隊之週期（輪）數則是參賽隊伍 = R，由此可歸納出簡易計算週期（輪）數方法：**單數隊 R = N，雙數隊 R = N − 1**。

二、循環賽制編制方法

　　為使循環賽制的編排在隊數或人數較多時，能有效且快速的排出正確場數及無重複對戰的賽制圖，編制方法有代數式（Rotation Methods）、方格式（Graph Methods）和幾何圖形式（Geometric Pattern Methods）等三種方法，以下個別介紹：

（一）代數式（Rotation Methods）

　　代數式編排的方式像是畫袋子，然後將所有參賽隊伍以阿拉伯數字為代號置入袋中排列，較為特殊的概念是如果參賽隊伍為單數，需增加一隊虛擬隊伍（代號以 Bye 或空表示），各隊遇上此代號則為輪空之意，步驟如下：

1. 確認參賽隊數的週期（輪次）（單數隊＝R，雙數隊＝R－1）。
2. 依據 R（週期）數畫 R 個袋子。
3. 確認每個袋子的對戰數（單數對戰數須再加 1）。
4. 每個袋子代號「1」要固定。
5. 依序填上組別代號（注意不能任意跳號，依序採順時針或逆時針方式填入）。
6. 賽制編排完成後可從第一週期對戰組合依序排入比賽時段後再將第二週期對戰組合排入，直至排完最後週期之對戰組合。

　　考量學校運動社團或選修體育課程安排比賽之常用實際隊（人）數，我們以較常運用的 5～8 隊做編排範例，了解單數與雙數在排法上之不同，編排方式如表 3-2 至 3-5 所示。

1. 5 隊，S（場數）＝5(5 － 1)/2 ＝ 10，R ＝ N ＝ 5，單數隊每週期（輪）必有一隊輪空（Bye），編排如表 3-2 所示。

表 3-2　5 隊代數式編排法

第一週期	第二週期	第三週期	第四週期	第五週期
1 — 2	1 —空	1 — 5	1 — 4	1 — 3
空 — 3	5 — 2	4 —空	3 — 5	2 — 4
5 — 4	4 — 3	3 — 2	2 —空	空 — 5

出賽場次順序：

（1）	（2）	（3）	（4）	（5）	（6）	（7）	（8）
1 — 2	5 — 4	5 — 2	4 — 3	1 — 5	3 — 2	1 — 4	3 — 5
（9）	（10）						
1 — 3	2 — 4						

2. 6 隊，S（場數）= 6(6 − 1)/2 = 15，R = 6 − 1 = 5，編排如表 3-3 所示。

表 3-3　6 隊代數式編排法

第一週期	第二週期	第三週期	第四週期	第五週期
1 — 2	1 — 6	1 — 5	1 — 4	1 — 3
6 — 3	5 — 2	4 — 6	3 — 5	2 — 4
5 — 4	4 — 3	3 — 2	2 — 6	6 — 5

出賽場次順序：

（1）	（2）	（3）	（4）	（5）	（6）	（7）	（8）
1 — 2	6 — 3	5 — 4	1 — 6	5 — 2	4 — 3	1 — 5	4 — 6
（9）	（10）	（11）	（12）	（13）	（14）	（15）	
3 — 2	1 — 4	3 — 5	2 — 6	1 — 3	2 — 4	6 — 5	

3. 7 隊，S（場數）= 7(7 − 1)/2 = 21，R = N = 7，單數隊每週期（輪）必有一隊輪空（Bye），編排如表 3-4 所示。

表 3-4　7 隊代數式編排法

第一週期	第二週期	第三週期	第四週期	第五週期	第六週期	第七週期
1 — 2	1 — 空	1 — 7	1 — 6	1 — 5	1 — 4	1 — 3
空 — 3	7 — 2	6 — 空	5 — 7	4 — 6	3 — 5	2 — 4
7 — 4	6 — 3	5 — 2	4 — 空	3 — 7	2 — 6	空 — 5
6 — 5	5 — 4	4 — 3	3 — 2	2 — 空	空 — 7	7 — 6

出賽場次順序：

（1）	（2）	（3）	（4）	（5）	（6）	（7）	（8）
1 — 2	7 — 4	6 — 5	7 — 2	6 — 3	5 — 4	1 — 7	5 — 2
（9）	（10）	（11）	（12）	（13）	（14）	（15）	（16）
4 — 3	1 — 6	5 — 7	3 — 2	1 — 5	4 — 6	3 — 7	1 — 4

(17)	(18)	(19)	(20)	(21)			
3 — 5	2 — 6	1 — 3	2 — 4	7 — 6			

4. 8 隊，S（場數）＝ 8(8-1)/2 ＝ 28，R ＝ N-1 ＝ 8-1 ＝ 7，編排如表 3-5 所示。

表 3-5 8 隊代數式編排法

第一週期	第二週期	第三週期	第四週期	第五週期	第六週期	第七週期
1 — 2	1 — 8	1 — 7	1 — 6	1 — 5	1 — 4	1 — 3
8 — 3	7 — 2	6 — 8	5 — 7	4 — 6	3 — 5	2 — 4
7 — 4	6 — 3	5 — 2	4 — 8	3 — 7	2 — 6	8 — 5
6 — 5	5 — 4	4 — 3	3 — 2	2 — 8	8 — 7	7 — 6

出賽場次順序：

(1)	(2)	(3)	(4)	(5)	(6)	(7)	(8)
1 — 2	8 — 3	7 — 4	6 — 5	1 — 8	7 — 2	6 — 3	5 — 4
(9)	(10)	(11)	(12)	(13)	(14)	(15)	(16)
1 — 7	6 — 8	5 — 2	4 — 3	1 — 6	5 — 7	4 — 8	3 — 2
(17)	(18)	(19)	(20)	(21)	(22)	(23)	(24)
1 — 5	4 — 6	3 — 7	2 — 8	1 — 4	3 — 5	2 — 6	8 — 7
(25)	(26)	(27)	(28)				
1 — 3	2 — 4	8 — 5	7 — 6				

5. 代數式實際運用範例

　　本範例以某大學羽球選修課程，因選修人數超過 60 人，教師將學生分組後，運用代數式編排團體賽的方式進行比賽，如下：

國立○○大學○○○學年○學期羽球選修團體賽賽程表

第一週期	第二週期	第三週期	第四週期	第五週期	第六週期	第七週期
1-2 8-3	1-3 2-4	1-4 3-5	1-5 4-6	1-6 5-7	1-7 6-8	1-8 7-2
7-4 6-5	8-5 7-6	2-6 8-7	3-7 2-8	4-8 3-2	5-2 4-3	6-3 5-4

成績紀錄表

場次	組別	VS	組別	得分	勝隊	裁判	場次	組別	VS	組別	得分	勝隊	裁判
（1）	1	VS	2				（15）	3	VS	7			
（2）	8	VS	3				（16）	2	VS	8			
（3）	7	VS	4				（17）	1	VS	6			
（4）	6	VS	5				（18）	5	VS	7			
（5）	1	VS	3				（19）	4	VS	8			
（6）	2	VS	4				（20）	3	VS	2			
（7）	5	VS	8				（21）	1	VS	7			
（8）	7	VS	6				（22）	6	VS	8			
（9）	1	VS	4				（23）	5	VS	2			
（10）	3	VS	5				（24）	4	VS	3			
（11）	2	VS	6				（25）	1	VS	8			
（12）	8	VS	7				（26）	7	VS	2			
（13）	1	VS	5				（27）	6	VS	3			
（14）	4	VS	6				（28）	5	VS	4			

團體賽規則：

1. 比賽採**單打、單打、雙打、雙打、雙打五點共 8 人**，五點皆需進行，**比賽以五點總得分制判定勝負**。

2. 每局採 21 分制，20 比 20 時需連贏 2 分才獲勝，比分至 30 為止，一局決勝負。

3. 每場比賽開始前雙方需領取排點單，於賽前交給裁判，比賽進行中不得任意更改名單或順序，違者該點判定落敗。

4. 比賽人數若不足得以兼點，以**女生為主，若對方男生人數比己方多則男生才可兼點**，僅以一次為限，須於排點表上註明。

（二）方格式（Graph Methods）

　　方格式的編排無需特別關注輪空，主要是利用縱行及橫列的方式，取參賽隊伍數 +1 來畫橫與縱的格子（例如：8 隊則畫 9 格，以此類推），隊伍代號可自行設定，惟週期數與週期內對戰數代號常以阿拉伯數字表示，步驟如下：

---

1. 依參賽隊數或人數 N 畫 N+1 個格子，並於交界處畫條斜線或文字。

　※ 分隔線上方空格應與總場數相同。例如：6 隊參賽應有 15 個空格。

2. 在格子的上方與左側填入組別代號。

　※ 第一格不填，從第二格開始填入代號。

3. 計算參賽隊數的週期（輪）數。

4. 依據週期（輪）數 R 填入 1～R 的數字，反覆填滿上方空格。

　※ 範例：5 隊，S = 5(5–1)/2 = 10，R = 5，依序由 1 到 5 填入 10 個空格 2 次，直至填滿為止。

　※ 注意請填在分界線的上方，下方不填。

5. 計算對戰數（N/2 之商），並依據對戰數，分別標示 1～R 的場次代號。

　※ 參賽隊數為單數時，所得之商小數點無條件捨去。

　※ 承 4. 的範例，5 隊對戰數 5/2 = 2.5 = 2，找出 2 群 1 到 5 的數字分別標示對戰數 1 及 2 之代號。

　　方格式使用時機為循環賽參賽隊伍眾多時使用，目的是要確保所有參賽

隊伍不會重複對打，至於出現隊伍連打的狀況，因比賽時間由主辦單位自己設定，所以當所有對戰組合排出來後再詳細安排出賽順序即可。

　　為了要區別代數式與方格式在編排上的不同，同樣以較常運用的 5～8 隊做編排，編排方式如表 3-6 至 3-9 所示。

1. 5 隊，S（場數）= 5(5 − 1)/2 = 10，R = N = 5，N/2 之商 = 5/2 = 2.5（小數點捨去）= 2（每一週期內可對戰數），編排如表 3-6 所示。

表 3-6　5 隊方格式編排法

	甲	乙	丙	丁	戊
甲	週期數	1❶	2❶	3❶	4❶
乙			3❷	4❷	5❶
丙				5❷	1❷
丁					2❷
戊					

說明：1❶表示第一週期第一場比賽由甲－乙；1❷表示第一週期第二場比賽由丙－戊。

出賽場次順序：

（1）	（2）	（3）	（4）	（5）	（6）	（7）	（8）
1❶	1❷	2❶	2❷	3❶	3❷	4❶	4❷
甲－乙	丙－戊	甲－丙	丁－戊	甲－丁	乙－丙	甲－戊	乙－丁
（9）	（10）						
5❶	5❷						
乙－戊	丙－丁						

2. 6 隊，S（場數）= 6(6 − 1)/2 = 15，R = 6 − 1 = 5，N/2 之商 = 6/2 = 3（每一週期可對戰數），其編排方式如表 3-7 所示。

表 3-7   6 隊方格式編排法

	甲	乙	丙	丁	戊	己
甲		1❶	2❶	3❶	4❶	5❶
乙			3❸	4❸	5❷	1❷
丙				5❸	1❸	2❷
丁					2❸	3❷
戊						4❷
己						

調整後出賽場次順序：

(1)	(2)	(3)	(4)	(5)	(6)	(7)	(8)
1❶	5❸	4❷	2❶	5❷	3❷	3❶	3❸
甲－乙	丙－丁	戊－己	甲－丙	乙－戊	丁－己	甲－丁	乙－丙
(9)	(10)	(11)	(12)	(13)	(14)	(15)	
2❸	4❶	1❷	1❸	5❶	4❸	2❷	
丁－戊	甲－戊	乙－己	丙－戊	甲－己	乙－丁	丙－己	

3. 7 隊，S（場數）= 7(7 − 1)/2 = 21，R = N = 7，N/2 之商 = 7/2 = 3.5（小數點捨去）= 3（每一週期可對戰數），其編排方式如表 3-8 所示。

表 3-8   7 隊方格式編排法

	甲	乙	丙	丁	戊	己	庚
甲		1❶	2❶	3❶	4❶	5❶	6❶
乙			3❸	4❸	5❷	6❷	7❶
丙				5❸	6❸	7❷	1❷
丁					7❸	1❸	2❷

	甲	乙	丙	丁	戊	己	庚
戊						2❸	3❷
己							4❷
庚							

調整後出賽場次順序：

(1)	(2)	(3)	(4)	(5)	(6)	(7)	(8)
1❶	5❸	4❷	6❶	3❷	5❷	3❶	1❷
甲－乙	丙－丁	戊－己	甲－庚	丁－己	乙－戊	甲－丁	丙－庚

(9)	(10)	(11)	(12)	(13)	(14)	(15)	(16)
2❸	2❶	4❸	1❸	5❶	7❶	6❸	4❶
丁－戊	甲－丙	乙－丁	丙－戊	甲－己	乙－庚	丙－戊	甲－戊

(17)	(18)	(19)	(20)	(21)			
6❷	7❸	3❸	2❷	7❷			
乙－己	丁－戊	乙－丙	丁－庚	丙－己			

4. 8 隊，S（場數）＝ 8(8 − 1)/2 ＝ 28，R ＝ N − 1 ＝ 8 − 1 ＝ 7，N/2 之商 ＝ 8/2 ＝ 4（每一週期可對戰數），其編排方式如表 3-9 所示。

表 3-9　8 隊方格式編排法

	甲	乙	丙	丁	戊	己	庚	辛
甲		1❶	2❶	3❶	4❶	5❶	6❶	7❶
乙			3❷	4❷	5❷	6❷	7❷	1❷
丙				5❸	6❸	7❸	1❸	2❷
丁					7❹	1❹	2❸	3❸
戊						2❹	3❹	4❸

	甲	乙	丙	丁	戊	己	庚	辛
己						╲	4❹	5❹
庚								6❹
辛								╲

調整後出賽場次順序：

(1)	(2)	(3)	(4)	(5)	(6)	(7)	(8)
1❶	5❸	2❹	6❹	2❶	4❷	3❹	5❹
甲－乙	丙－丁	戊－己	庚－辛	甲－丙	乙－丁	戊－庚	己－辛
(9)	(10)	(11)	(12)	(13)	(14)	(15)	(16)
3❶	3❷	4❸	4❹	4❶	6❷	1❸	3❸
甲－丁	乙－丙	戊－辛	己－庚	甲－戊	乙－己	丙－庚	丁－辛
(17)	(18)	(19)	(20)	(21)	(22)	(23)	(24)
5❶	7❷	2❸	2❷	6❶	1❷	6❸	1❹
甲－己	乙－庚	丁－庚	丙－辛	甲－庚	乙－辛	丙－戊	丁－己
(25)	(26)	(27)	(28)				
7❶	5❷	7❸	7❹				
甲－辛	乙－戊	丙－己	丁－戊				

5. 方格式實際運用範例

　　本範例以某社區羽球育樂營活動，初級班學員人數 10 人，教練運用方格式編排單打比賽的方式進行比賽，如下：

○○社區羽球育樂營初級班單打賽程表

	陳○廷	嚴○娟	朱○芳	王○淵	張○煇	蕭○仁	李○達	吳○舜	洪○臨	黃○家
陳○廷		(1)	(10)	(18)	(25)	(31)	(36)	(40)	(43)	(45)
嚴○娟			(2)	(11)	(19)	(26)	(32)	(37)	(41)	(44)
朱○芳				(3)	(12)	(20)	(27)	(33)	(38)	(42)
王○淵					(4)	(13)	(21)	(28)	(34)	(39)
張○煇						(5)	(14)	(22)	(29)	(35)
蕭○仁							(6)	(15)	(23)	(30)
李○達								(7)	(16)	(24)
吳○舜									(8)	(17)
洪○臨										(9)
黃○家										

實施方式：

(1) 每局 25 分，13 分換邊，無 Deuce，一局決勝負。

(2) 依循環賽勝負結果排名，勝負相同則比較勝率。

(3) 以排名順序選擇獎品。

(4) 比數記於方格中，直排選手分數記於前面，橫排選手分數記於後面，以
    賽程表的 (1) 為例，直排為陳○廷，橫列為嚴○娟，比賽結果由陳○廷
    獲勝，比數則以 25：23 表示。

（三）幾何圖形式（Geometric Pattern Methods）

　　是應用幾何之多邊形來表示，圖形的每一角代表一隊，而邊線及對角線
即是參賽隊伍對戰組合，不過由於幾何圖形式比較適合隊數少的狀況下編
制，因為隨著隊（人）數增加，圖形會愈趨複雜，一般適合在 6 隊以內使
用。為了讓大家了解圖形變化，我們以 4～6 隊做編排，編排方式如圖 3-2
至 3-4 所示。

1. 4 隊，S = 4(4 – 1)/2 = 6，其編排方式如圖 3-2 所示。

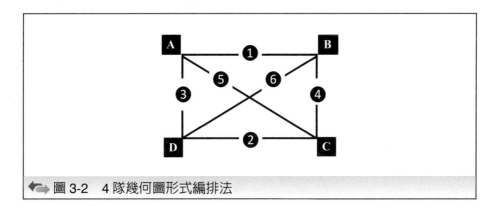

◆➡ 圖 3-2　4 隊幾何圖形式編排法

出賽場次順序：

(1)	**(2)**	**(3)**	**(4)**	**(5)**	**(6)**
A-B	D-C	A-D	B-C	A-C	B-D

2. 5 隊，S = 5(5 – 1)/2 = 10，其編排方式如圖 3-3 所示。

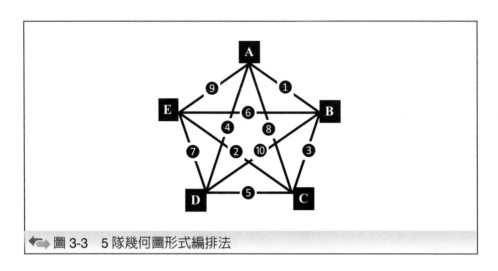

← 圖 3-3　5 隊幾何圖形式編排法

出賽場次順序：

（1）	（2）	（3）	（4）	（5）
A-B	C-E	B-C	A-D	C-D
（6）	（7）	（8）	（9）	（10）
B-E	D-E	A-C	A-E	B-D

3. 6 隊，S = 6(6 - 1)/2 = 15，其編排方式如圖 3-4 所示。

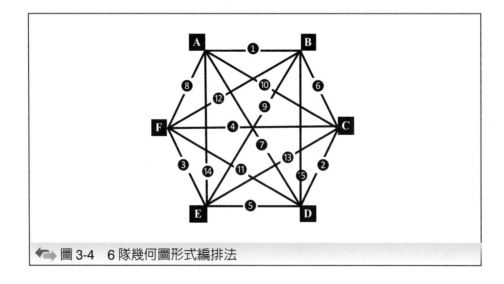

← 圖 3-4　6 隊幾何圖形式編排法

出賽場次順序：

(1)	(2)	(3)	(4)	(5)
A-B	C-D	E-F	C-F	D-E
(6)	**(7)**	**(8)**	**(9)**	**(10)**
B-C	A-D	A-F	B-E	A-C
(11)	**(12)**	**(13)**	**(14)**	**(15)**
D-F	B-F	C-E	A-E	B-D

（四）循環賽名次判定方式

1. 以積分多寡判定。（勝 2 分，平 1 分，敗 0 分）

2. 棄權隊（人）不列名次。

3. 積分相等名次之判定

(1) 二隊積分相同時以二隊間之勝隊為優先。

(2) 三隊積分相同時。

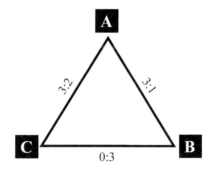

※ **以勝局／負局判定名次**

$A = \dfrac{3+2}{1+3} = \dfrac{5}{4} = 1.25$　第二名

$B = \dfrac{1+3}{3+0} = \dfrac{4}{3} = 1.33$　第一名

$C = \dfrac{3+0}{2+3} = \dfrac{3}{5} = 0.6$　第三名

※ 勝率之大小判定名次

【勝率＝勝局（分）/ 勝局（分）＋負局（分）】

$$A = \frac{3+2}{(3+1)+(2+3)} = \frac{5}{9} = 0.55 \quad \text{第二名}$$

$$B = \frac{1+3}{(1+3)+(3+0)} = \frac{4}{7} = 0.57 \quad \text{第一名}$$

$$C = \frac{3+0}{(3+2)+(0+3)} = \frac{3}{8} = 0.37 \quad \text{第三名}$$

※ 以勝負局（分）差判定名次

A 隊	B 隊	C 隊
A：B＝3：1（勝2局）	B：A＝2：3（負1局）	C：A＝3：1（勝2局）
A：C＝2：3（負1局）	B：C＝3：0（勝3局）	C：B＝0：3（負3局）
A 隊勝負差＝+1	B 隊勝負差＝+2	C 隊勝負差＝-1
第二名	第一名	第三名

　　若經計算後還是有兩隊結果相同時，則可比較兩隊間各局之淨勝分數來判定，不得以兩隊比賽勝為判定依據。

🔒 3-2　淘汰賽制（Elimination Tournaments）

　　淘汰賽制是指比賽過程逐步淘汰成績較差的隊伍（人），最後評出優勝者的一種競賽制度。可分為單淘汰賽制、雙淘汰賽制、冠亞軍淘汰賽制及巴西制。

※ **優點**

1. 參加隊伍多而比賽期短時，能短時間內完成任務。

2. 比賽場次少，能快速分出優勝順序。

3. 競賽成本低，經濟實用。

4. 比賽緊湊精彩。

※ **缺點**

1. 除第一名外，不能合理確定其餘各隊名次。

2. 參加隊伍互相學習鍛鍊機會較少。

※ **使用時機**

1. 參賽隊伍多。

2. 比賽日程短。

一、單淘汰賽制（Single Elimination Tournaments）

單淘汰賽制是指參賽隊伍失敗一次後即淘汰出局，賽制編排簡單，最節省時間、人力與競賽成本。

(一) 單淘汰賽制編排原則

1. 計算比賽場數

 (1) 單淘汰賽場數計算，因每一對戰敗者即淘汰，最後僅冠軍未有敗績，所以計算公式為參賽隊伍減去冠軍隊即為總場數。

 (2) $S = N - 1$（S：總場數，N：隊數），例如：13 隊，$S = 13 - 1 = 12$ 場。

2. 計算第一輪輪空數

 (1) 2 的連乘積不必輪空。例如：4、8、16、32、64……。

 (2) 非 2 連乘積，計算方式「N – 低於 N 值之 2 連乘積之數，即為首輪比賽輪空數」，例如：12 隊，$R = 12 - 8 = 4$（第一輪 4 場共 8 隊先進行比賽）。

3. 所有輪空都應排在第一輪。

4. 輪空必需平均排在兩邊。

5. 輪空的位置需相對稱。

6. 輪空數是單數時應先排在右邊。

(二) 單淘汰賽制範例

　　單淘汰賽制畫法因應參賽隊數多寡有幾種編排法，較常見的編排法為直立式、橫列式及隊數多時之背對背式等三種排法，以下編排範例供大家參考。

※ 備註

(1) 場次代號可用**國字 (一)** 或**阿拉伯數字 (1)** 方式表示。

(2) 由於單淘汰賽制只能取 1、2 名，主辦單位為了取 3、4 名，會在決賽的直線下方再加一條虛線，表示正規的單淘汰賽之外，另加一場比賽，以決定 3、4 名。

---

1. 直立式排法

(1) 參賽隊數 8 隊，S＝8－1＝7 場，輪空數 8－8＝0，其編排方式如圖 3-5 所示。

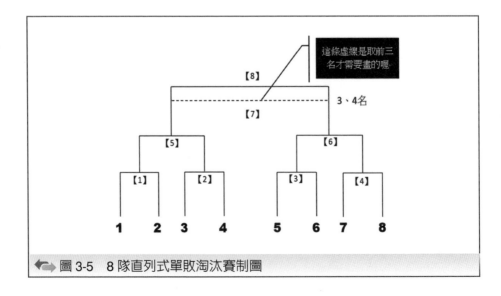

◀━ 圖 3-5　8 隊直列式單敗淘汰賽制圖

(2) 參賽隊數 18 隊，S = 18 – 1 = 17 場，輪空數 18 – 16 = 2，其編排方式如圖 3-6 所示。

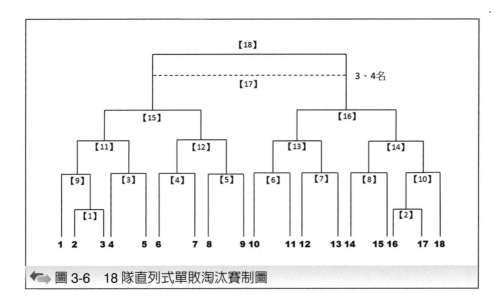

 圖 3-6   18 隊直列式單敗淘汰賽制圖

2. 橫列式排法

(1) 參賽隊數 8 隊，S = 8 – 1 = 7 場，輪空數 8 – 8 = 0，其編排方式如圖 3-7 所示。

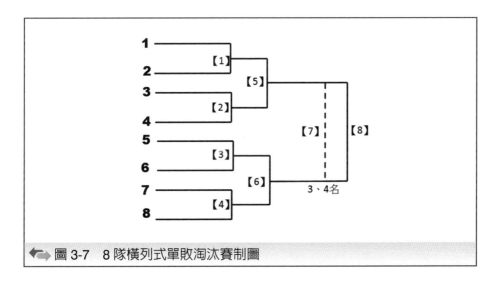

 圖 3-7   8 隊橫列式單敗淘汰賽制圖

(2) 參賽隊數 13 隊，S = 13 – 1 = 12 場，輪空數 13 – 8 = 5，其編排方式如
圖 3-8 所示。

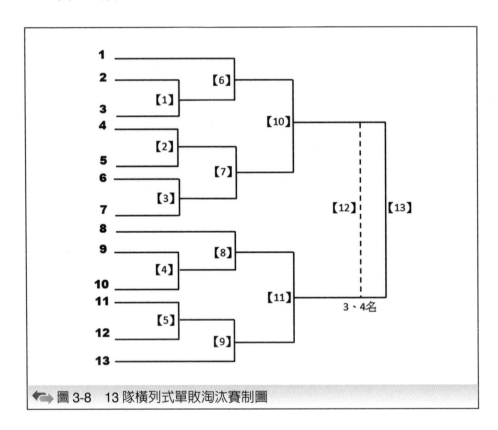

➡ 圖 3-8　13 隊橫列式單敗淘汰賽制圖

3. 背對背式排法

(1) 參賽隊數 32 隊，S = 32 – 1 = 31 場，輪空數 32 – 32 = 0，其編排方式
如圖 3-9 所示。

(2) 參賽隊數 36 隊，S = 36 – 1 = 35 場，輪空數 36 – 32 = 4，其編排方式
如圖 3-10 所示。

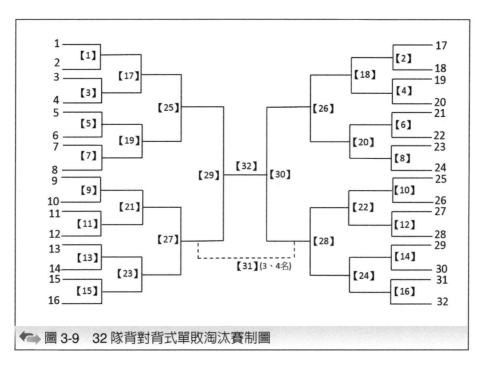

←→ 圖 3-9　32 隊背對背式單敗淘汰賽制圖

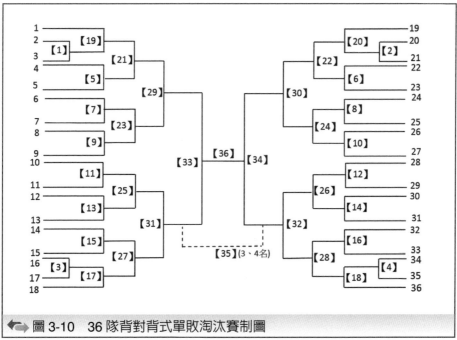

←→ 圖 3-10　36 隊背對背式單敗淘汰賽制圖

二、雙淘汰賽制（Double Elimination Tournaments）

　　故名思義是指參賽隊伍有兩次失敗的機會，以彌補單淘汰賽制之憾。雙淘汰賽存在勝部與敗部兩種賽制，「勝部」是指還未敗過的參賽隊伍之賽程，而「敗部」則是已失敗一次之參賽隊伍進行的賽程。

　　雙淘汰賽制的編排方式與單淘汰賽制相同，只是需再編排敗隊的賽程，最後產生勝部冠軍與敗部冠軍進行決賽，若敗部冠軍擊敗勝部冠軍，因兩隊皆為負一場則需再加賽一場決定冠亞軍。

※ **場次計算公式**

$S = 2(N - 1)$（S：總場數，N：隊數）

若敗部贏勝部則需再 +1，$S = 2(N - 1) + 1$

例如：10 隊，$S = 2(10 - 1) = 18$，冠軍敗 +1 = 19

(一) 雙淘汰賽制敗部編排要領

範例：參賽隊伍 9 隊，以直式分立式排法說明。

1. 先排出勝部 9 隊單淘汰賽制圖，如圖 3-11 所示。

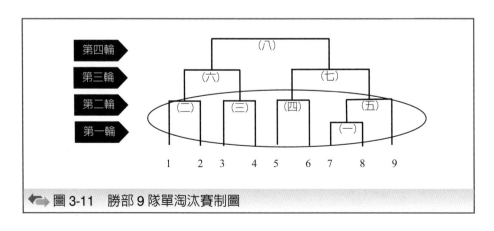

第四輪　第三輪　第二輪　第一輪

（八）（六）（七）（二）（三）（四）（五）（一）

1　2　3　4　5　6　7　8　9

◆ 圖 3-11　勝部 9 隊單淘汰賽制圖

2. 找出第一輪及第二輪之敗隊數。由圖 3-11 中，第一、二輪的敗隊為
（一）、（五）、（二）、（三）、（四）共 5 隊，在勝部右邊排出 5
隊單淘汰賽程圖，如圖 3-12 所示。

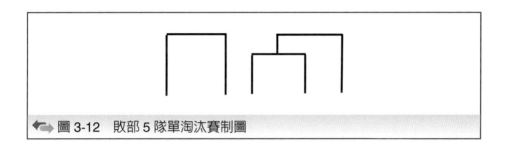

◆➡ 圖 3-12　敗部 5 隊單淘汰賽制圖

3. 將這 5 隊落入敗部的隊伍以（一）敗、（二）敗、（三）敗、（四）敗、
（五）敗方式排入，如圖 3-13 所示。

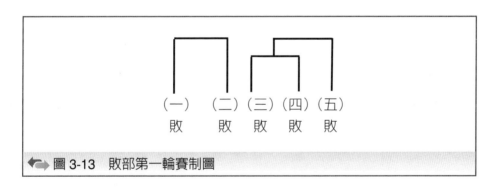

◆➡ 圖 3-13　敗部第一輪賽制圖

4. 找出第三輪敗隊：由圖 3-11 中，第三輪的敗隊為（七）敗、（六）敗兩
隊，分別在敗部左右兩側排入敗部第三輪中，如圖 3-14 所示。

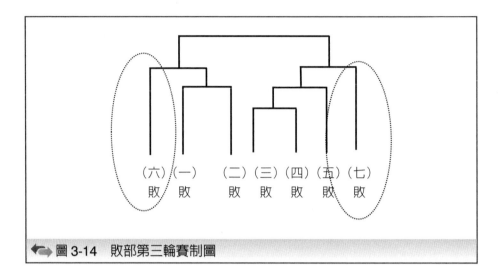

↩ 圖 3-14　敗部第三輪賽制圖

5. 第四輪敗隊：由圖 3-11 中，第四輪的敗隊為（八）敗，將其排入敗部右側第四輪中，如圖 3-15 所示。

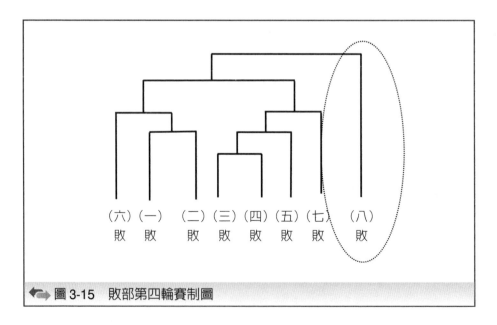

↩ 圖 3-15　敗部第四輪賽制圖

6. 與勝部賽程圖畫上對戰線及加賽虛線，並填入場次順序，如圖 3-16 所示。

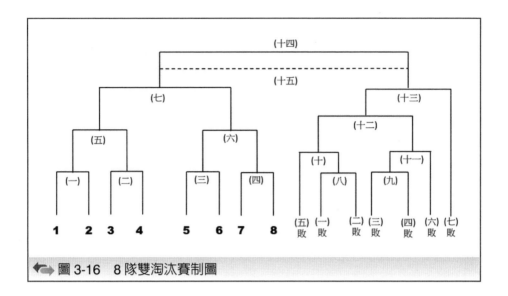

◆◆ 圖 3-16　8 隊雙淘汰賽制圖

（二）雙淘汰賽制範例

　　雙淘汰賽制因爲有勝部與敗部之分，編排法有許多不同方式，以下介紹常用的直排分立式編排法供大家參考。

直排分立式排法

　　此法是將勝部與敗部分開編排，直至最後勝部冠軍與敗部冠軍對戰時才會畫上對戰線，以下以 10 隊、12 隊爲例，其編排方式如圖 3-17 至 3-18 所示。

　　(1) 10 隊，S = 2(10 – 1) = 18 場，冠軍敗 + 1 = 19 場，其編排方式如圖 3-17 所示。

　　(2) 12 隊，S = 2(12 – 1) = 22 場，冠軍敗 + 1 = 23 場，其編排方式如圖 3-18 所示。

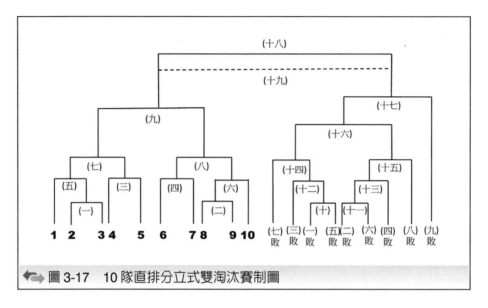

◀ 圖 3-17　10 隊直排分立式雙淘汰賽制圖

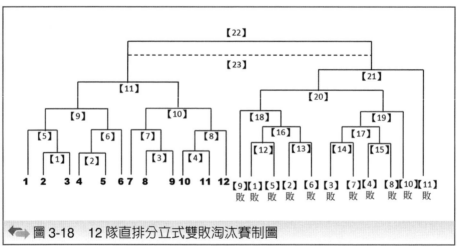

◀ 圖 3-18　12 隊直排分立式雙敗淘汰賽制圖

三、冠亞軍淘汰制

又稱落選制，其目的在補救單淘汰制之缺點，使失敗的單位雖無爭冠軍的希望但仍有爭取亞軍的機會。

　　冠亞軍淘汰賽制幾乎與雙淘汰賽制相同，只是勝部冠軍為冠軍，敗部冠軍為亞軍，冠軍與亞軍最後不需再對戰。因為冠亞軍淘汰賽比雙淘汰賽少一場，場次計算方式為 $S = 2(N - 1) - 1 = 2N - 3$。此法由於賽制關係，場數比雙淘汰制少一場，但失敗隊伍卻只能爭亞軍，精彩度無法與雙淘汰賽相比，目前已較少為主辦單位採用。例如：8 隊，$S = (2 \times 8) - 3 = 13$ 場，其編排方式如圖 3-19 所示。

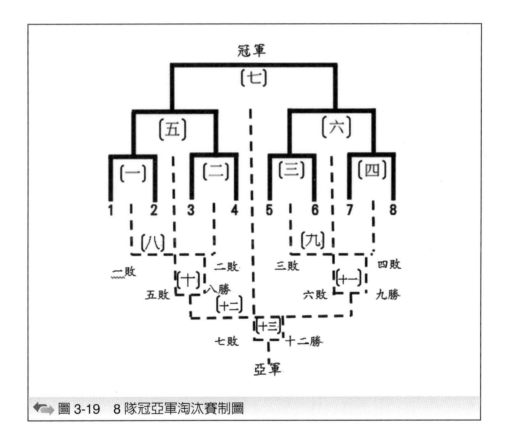

⬅ 圖 3-19　8 隊冠亞軍淘汰賽制圖

四、巴西制

　　巴西制是以單淘汰賽制為基礎，其規則是輸給冠軍隊之對戰隊伍有機會角逐第三名，但無緣爭取前二名，巴西制賽制圖編排範例如圖 3-20 所示。

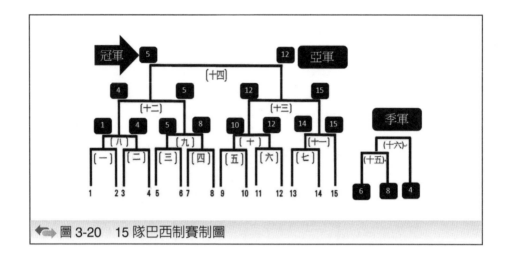

圖 3-20　15 隊巴西制賽制圖

五、改良式巴西制

　　改良式巴西制與原巴西制無差別，其規則是輸給冠軍隊及亞軍隊之對戰隊伍皆有機會角逐第三名，只是體力必須較爲充沛。改良式巴西制賽制圖編排範例如圖 3-21 所示。

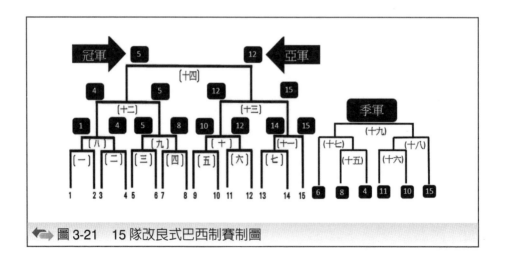

圖 3-21　15 隊改良式巴西制賽制圖

3-3 混合賽制（Combination Tournaments）

混合賽制就是將循環賽制、單淘汰賽制、雙淘汰賽制或其他的賽制混合在比賽當中，一般分成二階段，第一階段為小組循環或單淘汰賽制選出進入第二階段之隊伍，第二階段則視比賽天數、場地及參賽隊伍多寡等因素選擇合適賽制產生名次，多數比賽第二階段較常採取單淘汰賽制來進行，以下介紹幾種混合賽制的方式。

一、先分組循環後單淘汰

先分組循環後單淘汰賽的方式是各項賽事常用的編排法，主要是能縮短比賽日程、節省比賽成本之外也能提供參賽隊伍較多場次磨練的機會，惟主辦單位在分組循環賽程時，應儘量以 3 隊為一組，最多不超過 4 隊的方式來編排，因為 3 隊循環總場數為 3 場，4 隊循環總場次為 6 場，若以 5 隊來編排，總場次則增加到 10 場，不符比賽成本的考量也拖延比賽日程的安排。其編排方式如下：

> **範例**：參賽隊伍 18 隊，取前四名，總場次 24 場。

（一）共 A、B、C、D、E、F 六組 1～18 位置，如圖 3-22 所示。

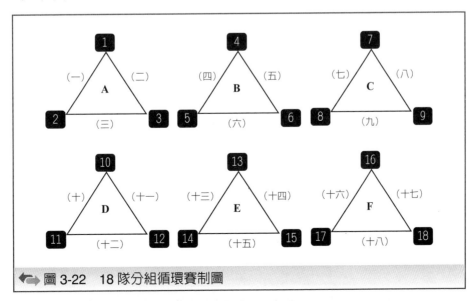

← 圖 3-22　18 隊分組循環賽制圖

（二）各組取一名進入第二階段決賽，分組冠軍於第十八場次結束後進行抽籤，分別排入決賽單淘汰賽制位置，如圖 3-23 所示。

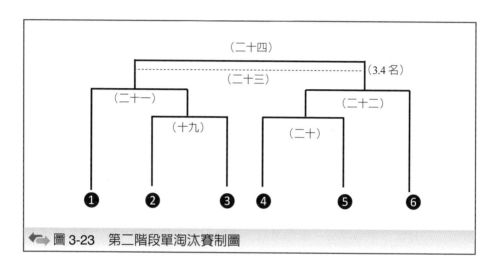

圖 3-23　第二階段單淘汰賽制圖

二、先分組循環後交叉賽

此編排法較常用在比賽日程較長的賽事中，其編排方式如下：

範例：參賽隊伍 8 隊，取前四名。

（一）第一階段先分 A、B 組進行循環賽確定各組名次，如圖 3-24 所示。

（二）第二階段 A1、A2、B1、B2 進行交叉賽制，A1 對 B2、B1 對 A2，如圖 3-25 所示。

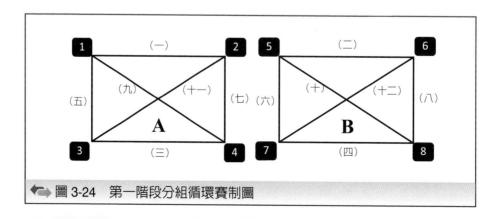

圖 3-24　第一階段分組循環賽制圖

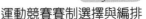

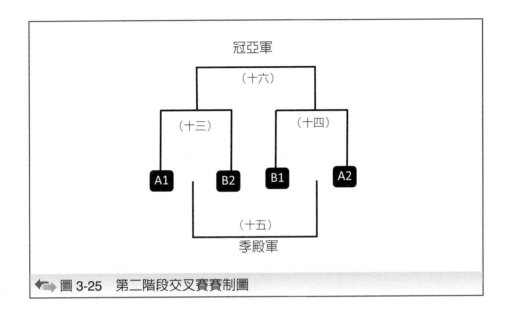

圖 3-25　第二階段交叉賽賽制圖

三、先分組循環後頁程賽

頁程賽又稱為佩奇制（Page System），分為單頁程賽與雙頁程賽。主辦單位先將參賽隊伍分為二組進行循環賽確定各組名次後，若各組取前二名進入決賽則為單頁程賽，如果各組取前四名進入決賽則為雙頁程賽，其編排方式如下：

(一) 單頁程賽

單頁程賽制進行方式為各組第一名與第一名對戰，第二名與第二名對戰，第一名對戰勝隊直接進入冠亞軍戰，敗隊需與第二名勝隊對戰爭取進入冠亞軍戰資格，流程如下：

> **範例：**參賽隊伍 8 隊，取前四名。

1. 第一階段先分 A、B 組進行循環賽確定各組名次，如圖 3-26 所示。
2. 第二階段 A1 對 B1（勝進入主決賽，敗進入決賽），A2 對 B2（勝進入決賽，負淘汰），如圖 3-27 所示。

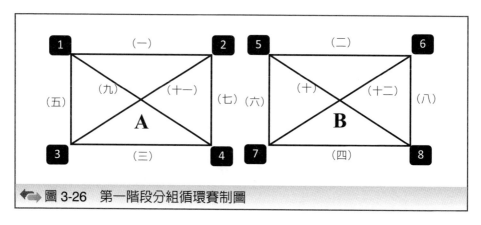

圖 3-26　第一階段分組循環賽制圖

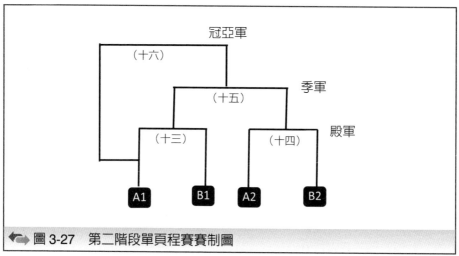

圖 3-27　第二階段單頁程賽賽制圖

（二）雙頁程賽

範例：參賽隊伍 10 隊，取前四名。

1. 第一階段先分 A、B 組進行循環賽，各組取前四名，如圖 3-28 所示。

2. 第二階段將 A、B 兩組之第二名與第四名交叉配組，排出兩個單頁程賽，最後 A、B 組優勝者參加冠亞軍戰，次優者參加季殿軍戰，如圖 3-29 所示。

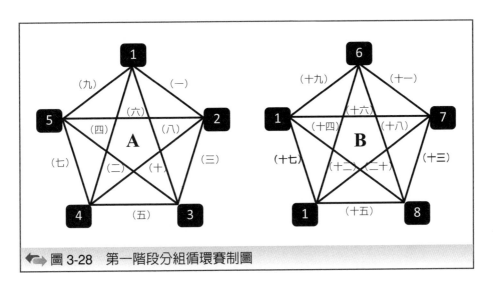

◆➡ 圖 3-28   第一階段分組循環賽制圖

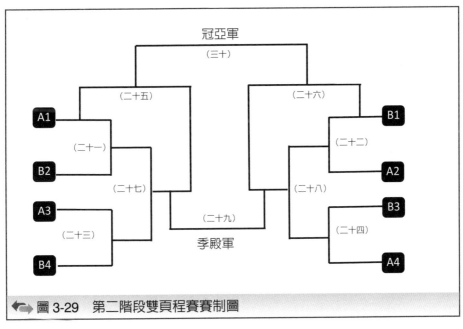

◆➡ 圖 3-29   第二階段雙頁程賽賽制圖

3-4 編制賽程總表

　　賽程總表如同火車時刻表，包括各項比賽的場地、比賽時間、對戰隊伍及參賽服裝顏色等資訊皆包含在內，便於讓參賽隊伍或個人查詢，以利掌握出賽前的各項準備，賽程總表功能有以下幾點：

1. 確實掌握競賽流程。

2. 避免重複安排賽事。

3. 告知參賽隊伍比賽地點。

4. 提前告知對戰隊伍服裝顏色，避免顏色重複造成判決困擾。

5. 參賽隊伍可依據賽程排定之時間提前做熱身準備。

　　以下範例為某大學辦理新生盃籃球賽的賽程圖及賽程總表，其編排如下所示：

範例：國立○○大學新生盃籃球賽，參賽隊伍 15 隊，取前四名。

※ 比賽條件

1. 分 A、B、C、D、E 五組 1～15 位置。

2. 各組取一名進入第二階段決賽，分組冠軍於第十五場次結束後進行抽籤，分別排入決賽單淘汰賽制位置。

3. 場地：甲場地、乙場地。

4. 比賽日期：3/7、3/8。

5. 比賽時間：8:00～20:00。

第一階段

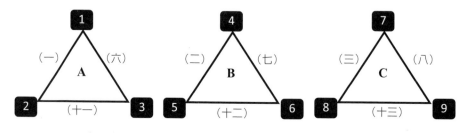

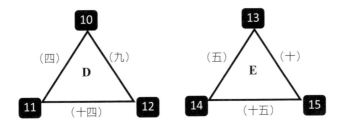

第二階段

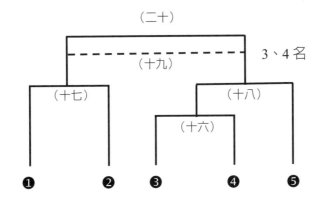

○○年國立○○大學新生盃籃球賽賽程總表

比賽場地：甲場地、乙場地

日期	場次	時間	場地	組別	深色隊伍 VS 淺色隊伍		比數	勝隊
三月七日（六）	一	08:00	甲場地	男子組	❶ VS	❷		
	二	08:00	乙場地	男子組	❹ VS	❺		
	三	09:10	甲場地	男子組	❼ VS	❽		
	四	09:10	乙場地	男子組	❿ VS	⓫		
	五	10:20	甲場地	男子組	⓭ VS	⓮		
	六	10:20	乙場地	男子組	❶ VS	❸		
	七	13:00	甲場地	男子組	❹ VS	❻		

日期	場次	時間	場地	組別	深色隊伍 VS 淺色隊伍	比數	勝隊
三月七日（六）	八	13:00	乙場地	男子組	7 VS 9		
	九	14:10	甲場地	男子組	10 VS 12		
	十	14:10	乙場地	男子組	13 VS 15		
	十一	15:20	甲場地	男子組	2 VS 3		
	十二	15:20	乙場地	男子組	5 VS 6		
	十三	16:30	甲場地	男子組	8 VS 9		
	十四	16:30	乙場地	男子組	11 VS 12		
	十五	17:40	甲場地	男子組	14 VS 15		
三月八日（日）	十六	08:00	甲場地	男子組	❸VS❹		
	十七	08:00	乙場地	男子組	❶VS❷		
	十八	11:00	甲場地	男子組	（十六）勝 VS ❺		
	十九	15:00	乙場地	男子組	（十七）敗 VS（十八）敗		
	二十	15:00	甲場地	男子組	（十七）勝 VS（十八）勝		

🔒3-5 選用競賽賽制注意事項

運動競賽賽制是整場比賽的核心，在選用何種競賽賽制時就需要考慮以下幾項因素：

(一) 辦理比賽的日期與時間

1. 比賽開始到結束的日期天數。

2. 早上、下午、晚上舉行的總時數。

3. 閉幕和頒獎需要的時數。

4. 場、局、盤最長的時間數。

5. 個人、團體、組別項目實賽和準備時間。

(二) 比賽場地與設備

1. **場地數**：比賽的場地數量，會直接影響競賽賽制的賽程時間及裁判與記錄台人數的規劃。

2. **照明設備**：如需安排晚上賽程，需了解比賽場地是否有照明設備，否則時間安排要避免晚上時段。

(三) 裁判及記錄台人數

主辦單位可依據比賽場地數量及競賽項目，聘請足夠的裁判及記錄台人員，以利比賽的進行。

(四) 器材的數量與安全

依據比賽所開出之器材數量進行準備，並檢查場地之設備是否安全。

(五) 競賽組數的擬訂

組數的多寡與比賽規模息息相關，組數愈多比賽時段相對增加，所以主辦單位在擬訂時就必須考量比賽日期長短、比賽場地數量及經費是否足以支應所需組數。在學校校內比賽組數的規劃可以以年級分組、性別分組的方式辦理，如果是校際或是地方賽事則可再加入甲乙級能力分組與社會團體組的方式來擬訂組數。

(六) 各組參加的隊數或人數的規劃

主辦單位依各組報名隊數或人數的數量，選擇合適的比賽賽制，以確保比賽之公平性與可看性。

(七) 經費預算編列額度

經費是決定比賽品質的重要關鍵，在規劃賽事時必須審慎擬訂所需比賽品項並計算總經費，以確保比賽能順利進行。

(八) 天候因素

辦理室外場地比賽，天候因素就必須在賽前做好雨天的方案，擬定應變之措施，例如延後比賽或是移至室內場地等方式完成比賽。

（九）運動競賽項目特性

主辦單位在擬訂賽制時應將運動競賽項目的特性納入參考，例如技擊類、拔河多採用單淘汰制；而球類運動則較常採用分組循環與單淘汰之混合賽制辦理。

🔒3-6　結語

運動競賽制度的建立是為了透過同場競技的方式切磋比較，知道哪支隊伍或選手的表現最快、最高、最強等，然而比賽需考慮許多因素，例如報名的隊（人）數、比賽時間、場地設備、經費及裁判人員等條件，以及各隊出場順序、公平及安全性等問題，都是主辦單位在選擇運動競賽制度上必須考量的因素。近年來，運動競賽制度已更臻成熟，許多常見的賽制，如雙淘汰賽、巴西制、混合賽、分組循環賽等，是大家非常熟悉的競賽制度，雖然各種競賽制度都有其優缺點，但主辦單位只要能多方考量舉辦競賽活動的內外在條件，選擇合適的競賽制度，不僅能提升運動競賽的可看性，也能圓滿的完成競賽活動。

🔒3-7　附錄

(一) 代數式賽制圖

1. 9 隊，S = 9(9 – 1)/2 = 36 場，R = N = 9，單數隊每週期（輪）必有一隊輪空（Bye），編排如下：

第一週期	第二週期	第三週期	第四週期	第五週期	第六週期	第七週期	第八週期	第九週期
1－2	1－空	1－9	1－8	1－7	1－6	1－5	1－4	1－3
空－3	9－2	8－空	7－9	6－8	5－7	4－6	3－5	2－4
9－4	8－3	7－2	6－空	5－9	4－8	3－7	2－6	空－5
8－5	7－4	6－3	5－2	4－空	3－9	2－8	空－7	9－6
7－6	6－5	5－4	4－3	3－2	2－空	空－9	9－8	8－7

出賽場次順序：

(1)	(2)	(3)	(4)	(5)	(6)	(7)	(8)
1－2	9－4	8－5	7－6	9－2	8－3	7－4	6－5
(9)	(10)	(11)	(12)	(13)	(14)	(15)	(16)
1－9	7－2	6－3	5－4	1－8	7－9	5－2	4－3
(17)	(18)	(19)	(20)	(21)	(22)	(23)	(24)
1－7	6－8	5－9	3－2	1－6	5－7	4－8	3－9
(25)	(26)	(27)	(28)	(29)	(30)	(31)	(32)
1－5	4－6	3－7	2－8	1－4	3－5	2－6	9－8
(33)	(34)	(35)	(36)				
1－3	2－4	9－6	8－7				

2. 10 隊，S = 10(10 － 1)/2 = 45 場，R ＝ N － 1 = 10 － 1 = 9，編排如下：

第一週期	第二週期	第三週期	第四週期	第五週期	第六週期	第七週期	第八週期	第九週期
1－2	1－10	1－9	1－8	1－7	1－6	1－5	1－4	1－3
10－3	9－2	8－10	7－9	6－8	5－7	4－6	3－5	2－4
9－4	8－3	7－2	6－10	5－9	4－8	3－7	2－6	10－5
8－5	7－4	6－3	5－2	4－10	3－9	2－8	10－7	9－6
7－6	6－5	5－4	4－3	3－2	2－10	10－9	9－8	8－7

出賽場次順序：

(1)	(2)	(3)	(4)	(5)	(6)	(7)	(8)
1－2	10－3	9－4	8－5	7－6	1－10	9－2	8－3
(9)	(10)	(11)	(12)	(13)	(14)	(15)	(16)
7－4	6－5	1－9	8－10	7－2	6－3	5－4	1－8
(17)	(18)	(19)	(20)	(21)	(22)	(23)	(24)
7－9	6－10	5－2	4－3	1－7	6－8	5－9	4－10

(25)	(26)	(27)	(28)	(29)	(30)	(31)	(32)
3—2	1—6	5—7	4—8	3—9	2—10	1—5	4—6
(33)	**(34)**	**(35)**	**(36)**	**(37)**	**(38)**	**(39)**	**(40)**
3—7	2—8	10—9	1—4	3—5	2—6	10—7	9—8
(41)	**(42)**	**(43)**	**(44)**	**(45)**			
1—3	2—4	10—5	9—6	8—7			

(二) 方格式賽制圖

1. 9 隊，S = 9(9 – 1)/2 = 36，R = N = 9，N/2 之商 = 9/2 = 4.5（小數點捨去）
= 4（每一週期可對戰數），編排如下：

	甲	乙	丙	丁	戊	己	庚	辛	壬
甲		1❶	2❶	3❶	4❶	5❶	6❶	7❶	8❶
乙			9❶	1❷	2❷	3❷	4❷	5❷	6❷
丙				7❷	8❷	9❷	1❸	2❸	3❸
丁					4❸	5❸	6❸	7❸	8❸
戊						9❸	1❹	2❹	3❹
己							4❹	5❹	6❹
庚								7❹	8❹
辛									9❹
壬									

調整後出賽場次順序：

(1)	(2)	(3)	(4)	(5)	(6)	(7)	(8)
1❶	7❷	9❸	7❹	8❶	1❷	1❹	5❹
甲－乙	丙－丁	戊－己	庚－辛	甲－壬	乙－丁	戊－庚	己－辛
(9)	**(10)**	**(11)**	**(12)**	**(13)**	**(14)**	**(15)**	**(16)**
3❶	3❷	3❸	2❹	4❶	4❷	5❸	2❸
甲－丁	乙－己	丙－壬	戊－辛	甲－戊	乙－庚	丁－己	丙－辛

(17)	(18)	(19)	(20)	(21)	(22)	(23)	(24)
5❶	5❷	4❸	8❹	6❶	2❷	8❸	9❷
甲—己	乙—辛	丁—戊	庚—壬	甲—庚	乙—戊	丁—壬	丙—己
(25)	**(26)**	**(27)**	**(28)**	**(29)**	**(30)**	**(31)**	**(32)**
7❶	9❶	3❹	1❸	2❶	6❸	6❷	8❷
甲—辛	乙—丙	戊—壬	丙—庚	甲—丙	丁—庚	乙—壬	丙—戊
(33)	**(34)**	**(35)**	**(36)**				
6❹	7❸	4❹	9❹				
己—壬	丁—辛	己—庚	辛—壬				

2. 10 隊，S = 10(10 − 1)/2 = 45，R = N − 1 = 10 − 1 = 9，N/2 之商 = 10/2 = 5
（每一週期可對戰數），編排如下：

	甲	乙	丙	丁	戊	己	庚	辛	壬	癸
甲		1❶	2❶	3❶	4❶	5❶	6❶	7❶	8❶	9❶
乙			1❷	2❷	3❷	4❷	5❷	6❷	7❷	8❷
丙				9❷	1❸	2❸	3❸	4❸	5❸	6❸
丁					7❸	8❸	9❸	1❹	2❹	3❹
戊						4❹	5❹	6❹	7❹	8❹
己							9❹	1❺	2❺	3❺
庚								4❺	5❺	6❺
辛									7❺	8❺
壬										9❺
癸										

調整後出賽場次順序：

(1)	(2)	(3)	(4)	(5)	(6)	(7)	(8)
1❶	1❷	1❸	1❹	1❺	2❶	2❷	2❸
甲－乙	乙－丙	丙－戊	丁－辛	己－辛	甲－丙	乙－丁	丙－己
(9)	**(10)**	**(11)**	**(12)**	**(13)**	**(14)**	**(15)**	**(16)**
2❹	2❺	3❶	3❷	3❸	3❹	3❺	4❶
丁－壬	己－壬	甲－丁	乙－戊	丙－庚	丁－癸	己－癸	甲－戊
(17)	**(18)**	**(19)**	**(20)**	**(21)**	**(22)**	**(23)**	**(24)**
4❷	4❸	4❹	4❺	5❶	5❷	5❸	5❹
乙－己	丙－辛	戊－己	庚－辛	甲－己	乙－庚	丙－壬	戊－庚
(25)	**(26)**	**(27)**	**(28)**	**(29)**	**(30)**	**(31)**	**(32)**
5❺	6❶	6❷	6❸	6❹	6❺	7❶	7❷
庚－壬	甲－庚	乙－辛	丙－癸	戊－辛	庚－癸	甲－辛	乙－壬
(33)	**(34)**	**(35)**	**(36)**	**(37)**	**(38)**	**(39)**	**(40)**
7❸	7❹	7❺	8❶	8❷	8❸	8❹	8❺
丁－戊	戊－壬	辛－壬	甲－壬	乙－癸	丁－己	戊－癸	辛－癸
(41)	**(42)**	**(43)**	**(44)**	**(45)**			
9❶	9❷	9❸	9❹	9❺			
甲－癸	丙－丁	丁－庚	己－庚	壬－癸			

(三) 單淘汰賽制圖

1. 單淘汰賽制圖 4～30 隊直立式排法。

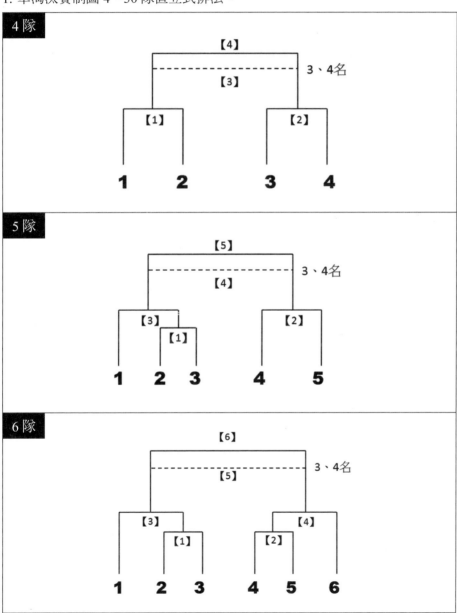

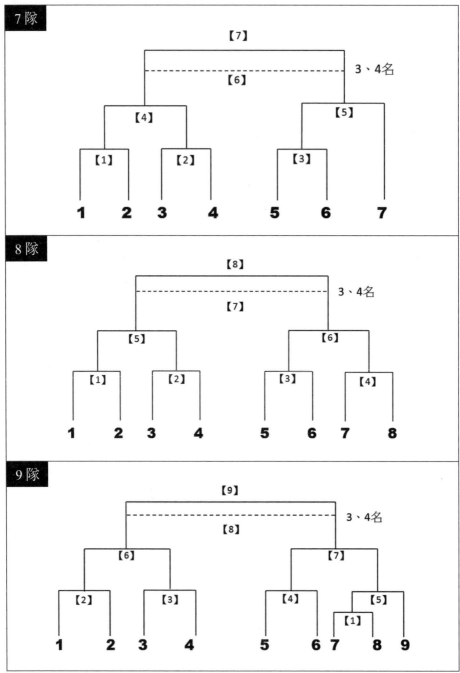

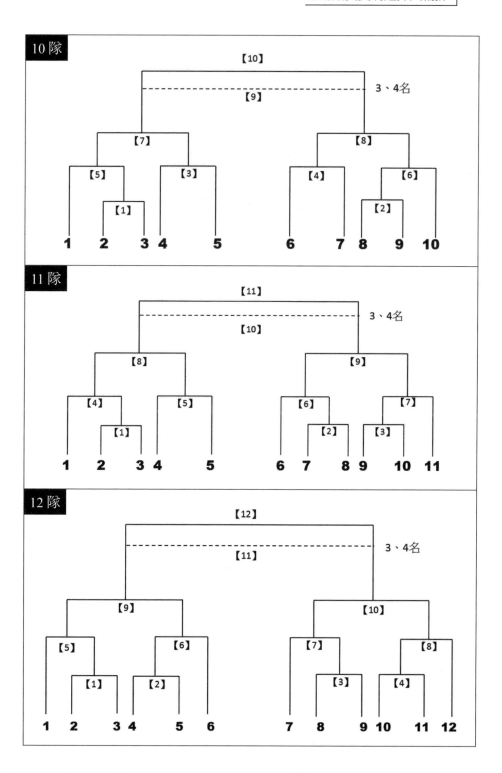

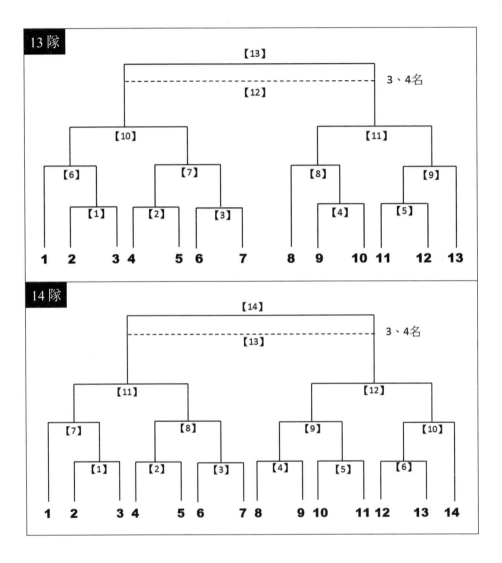

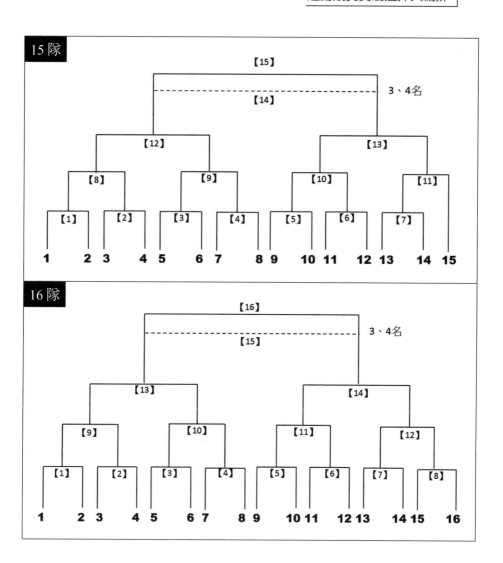

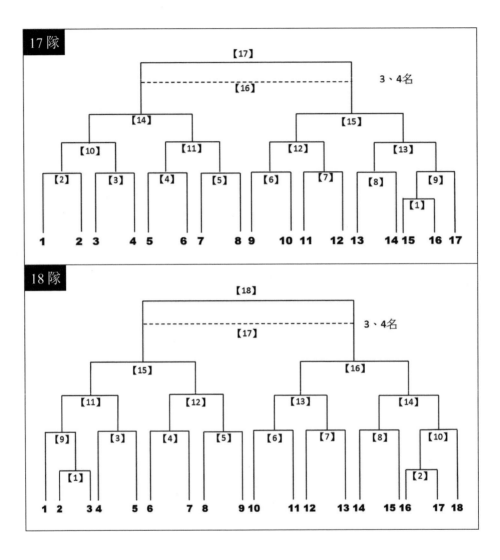

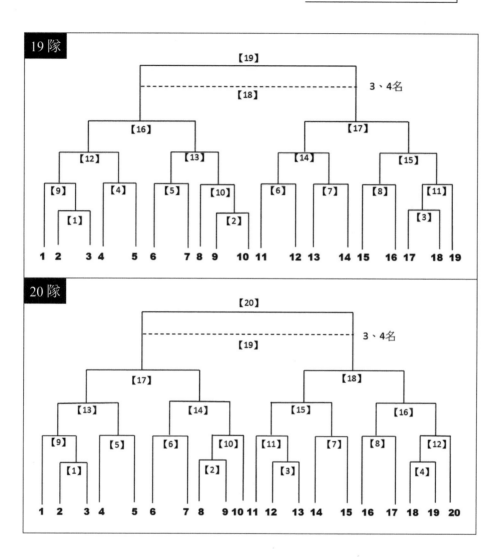

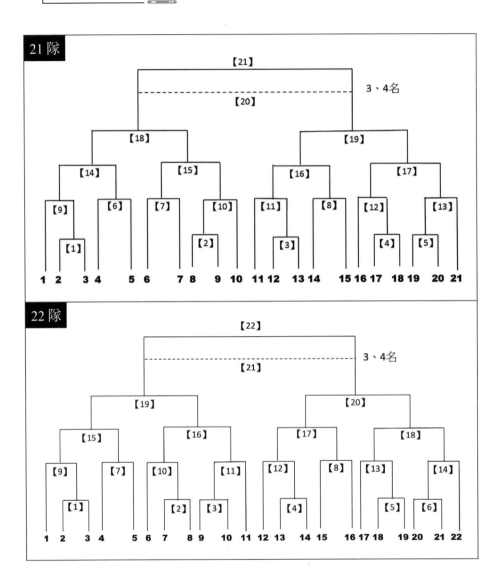

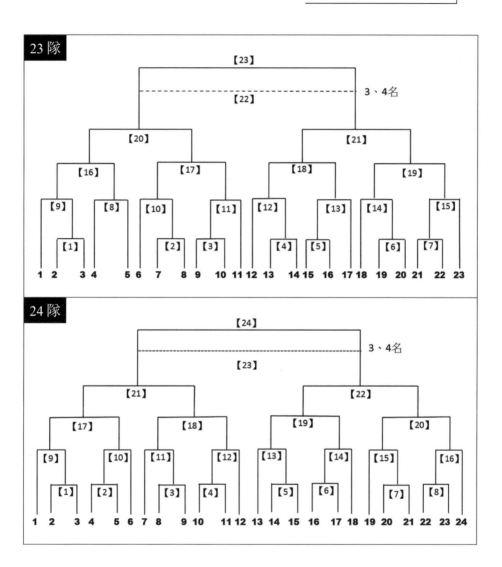

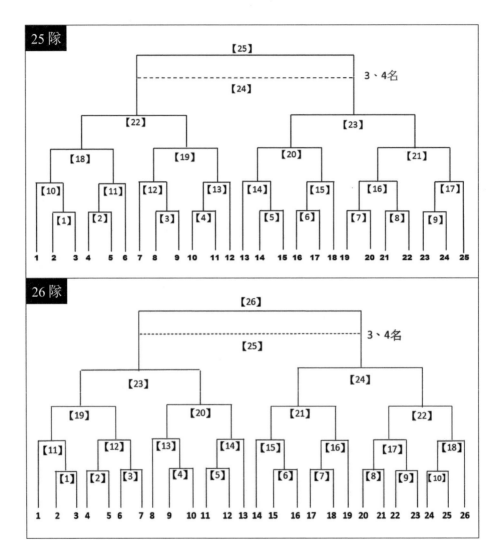

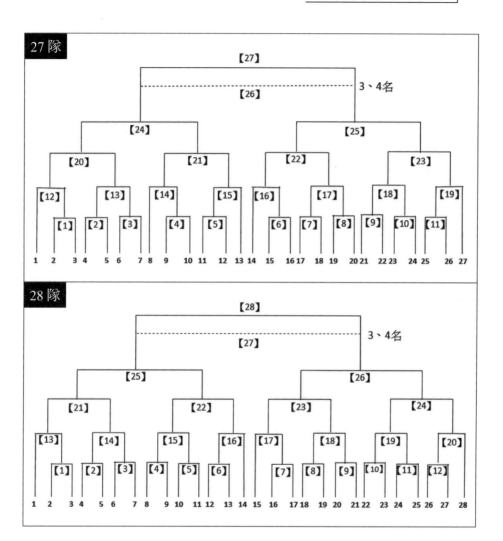

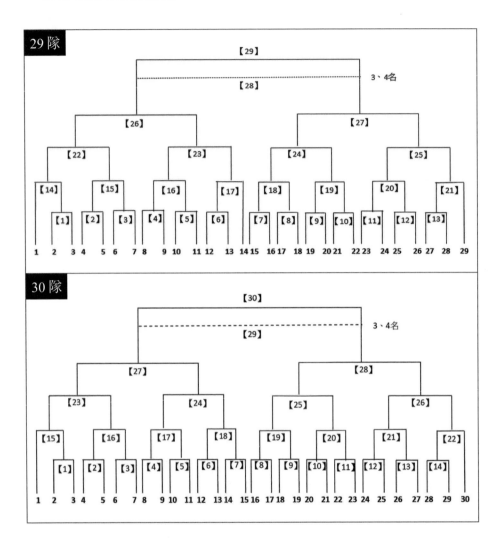

2. 單淘汰賽制圖 4～30 隊橫列式排法。

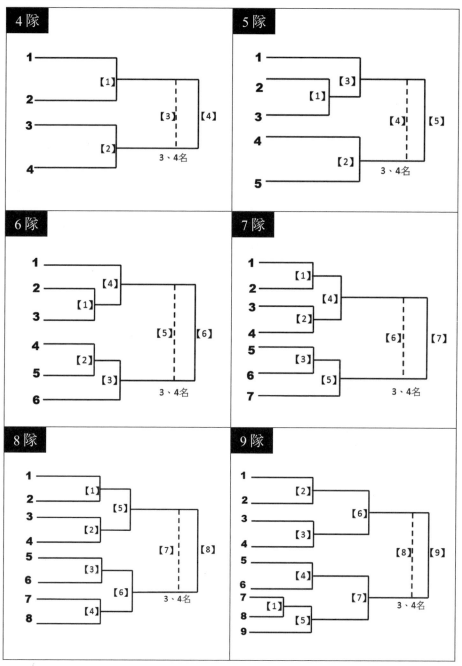

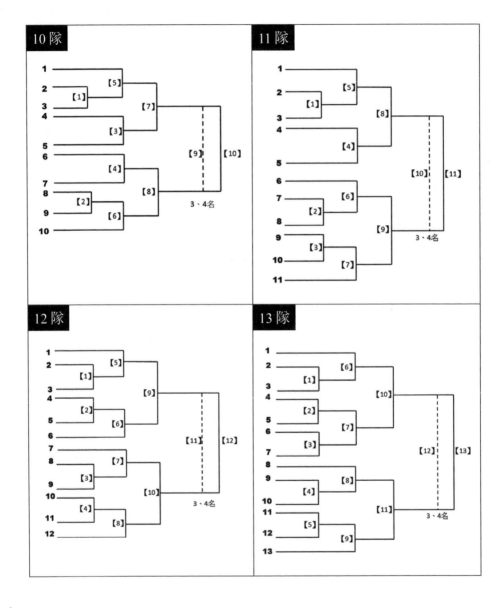

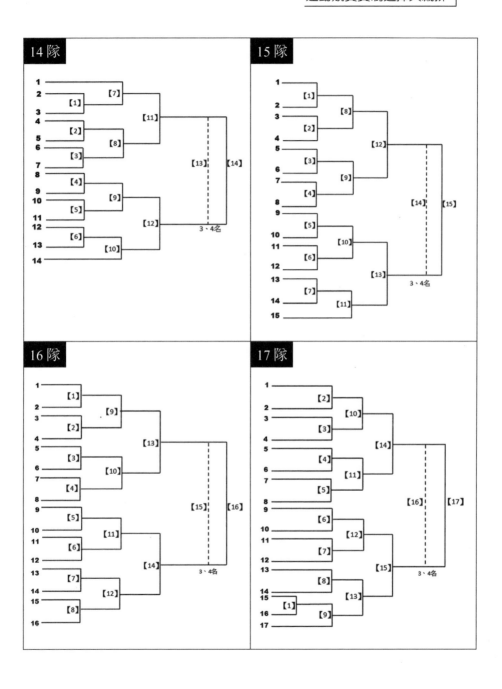

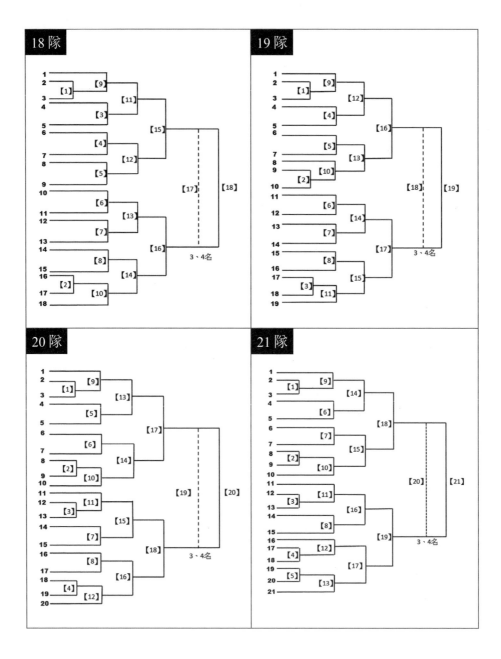

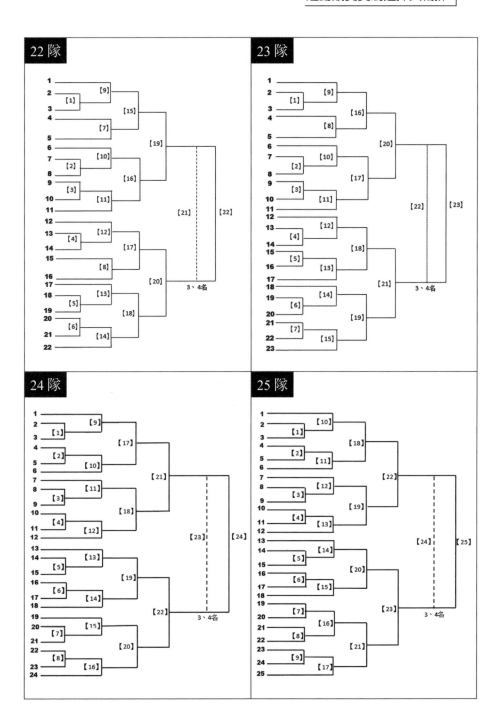

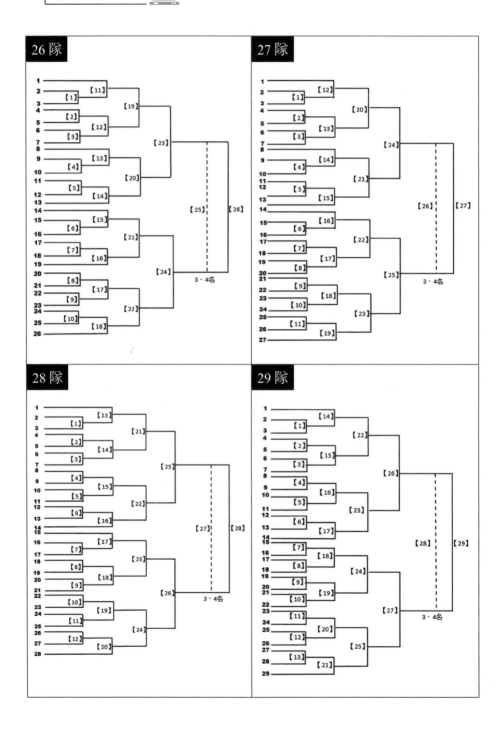

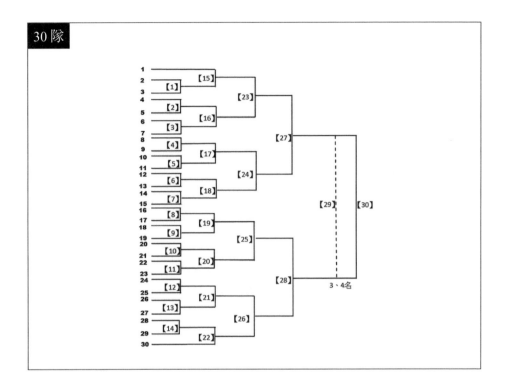

3. 單淘汰賽制圖 30～40 隊為背對背式排法。

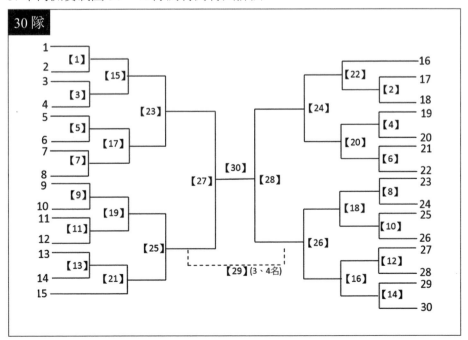

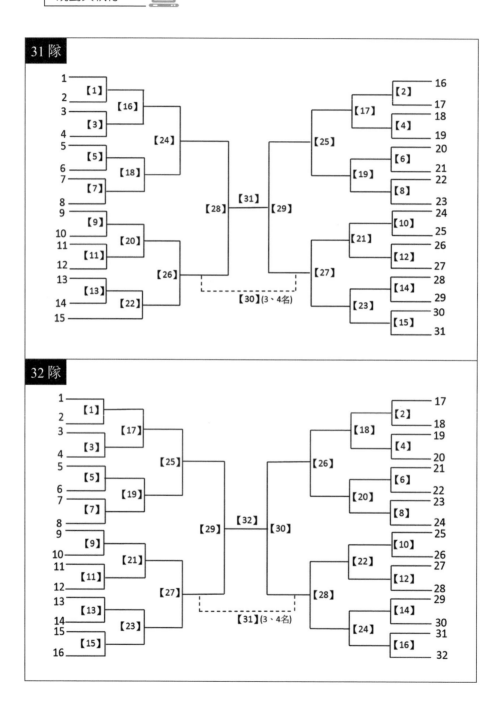

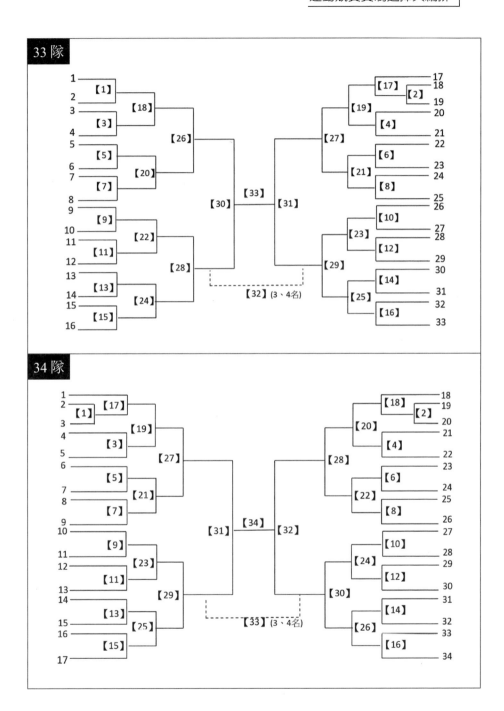

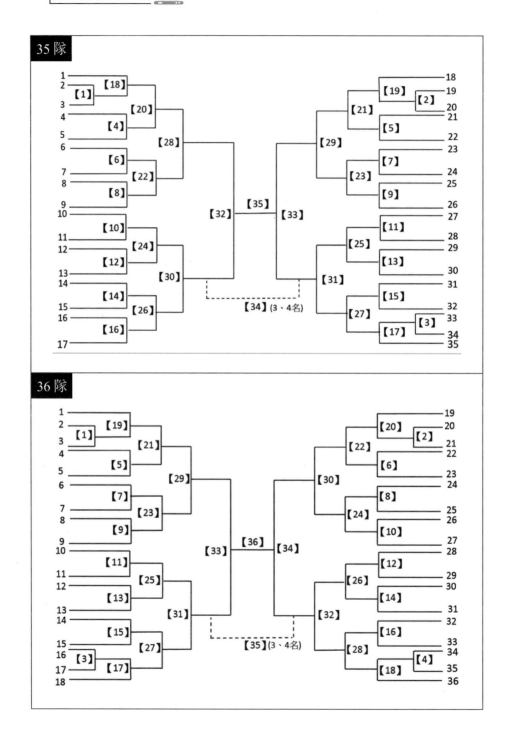

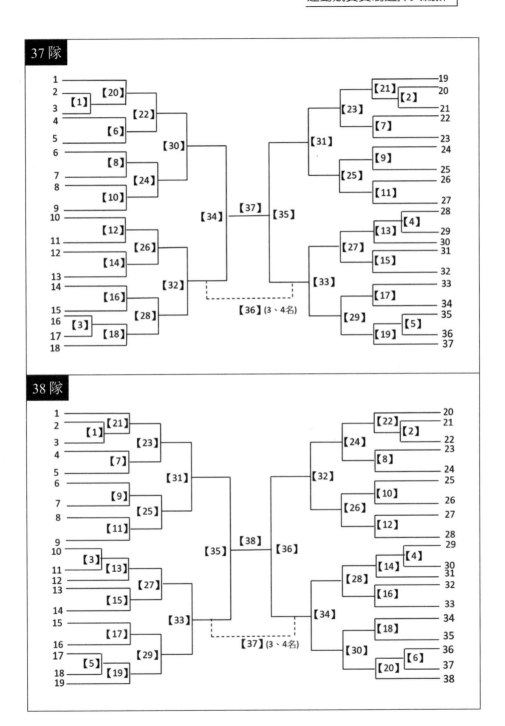

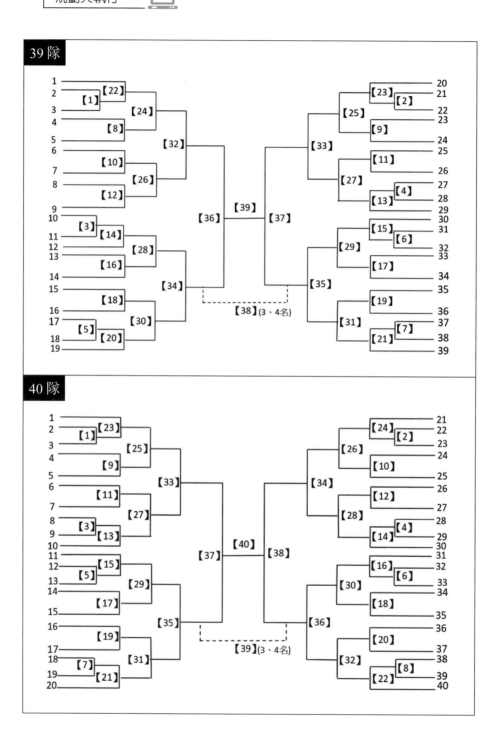

(四) 雙淘汰賽制圖

4～20 隊。

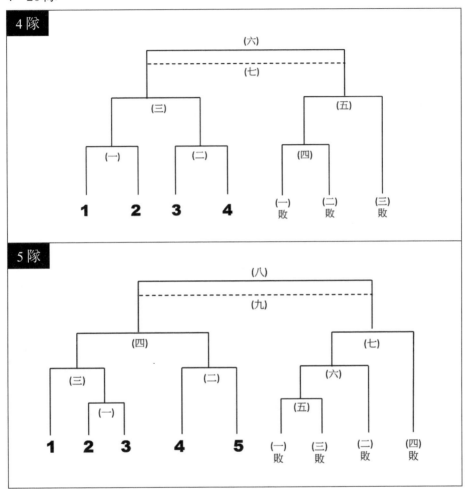

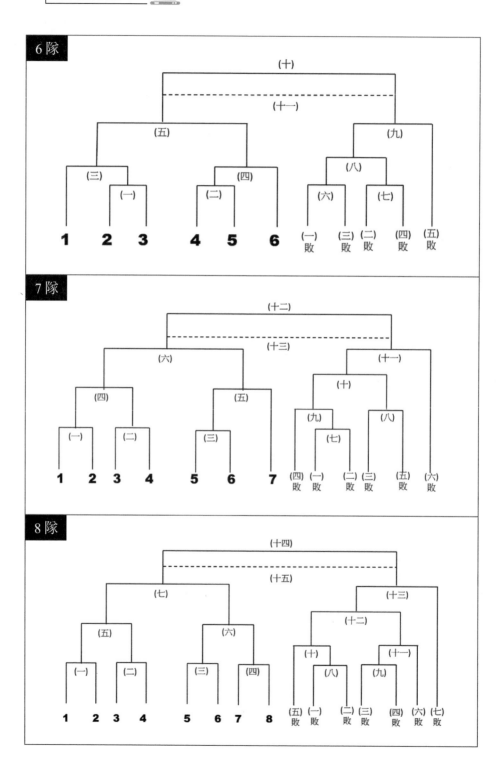

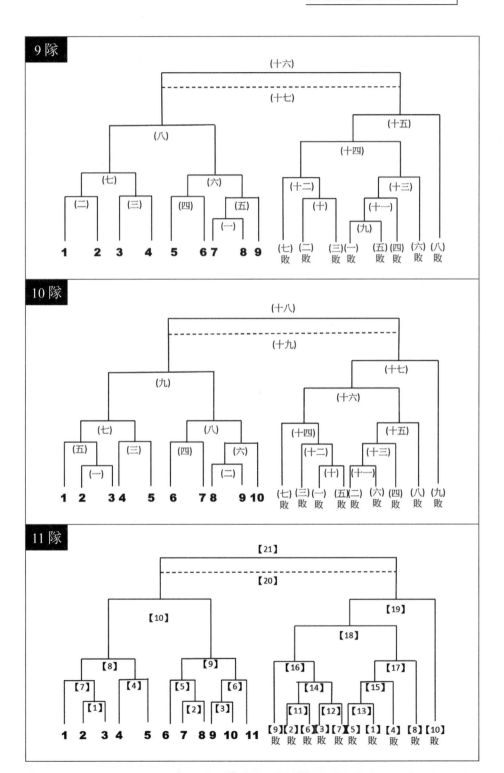

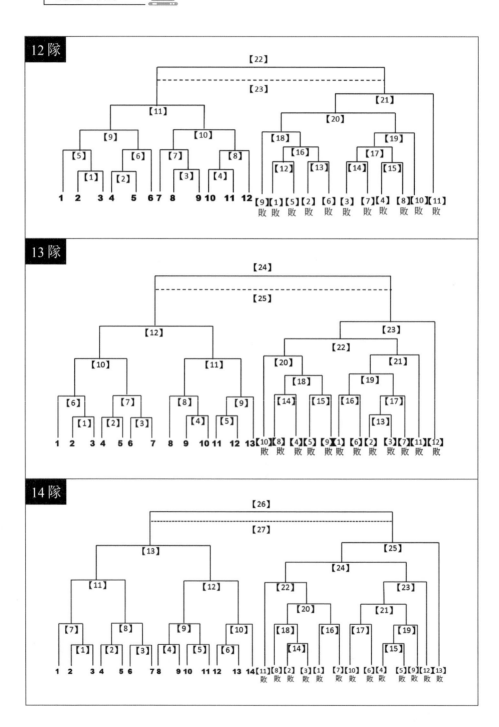

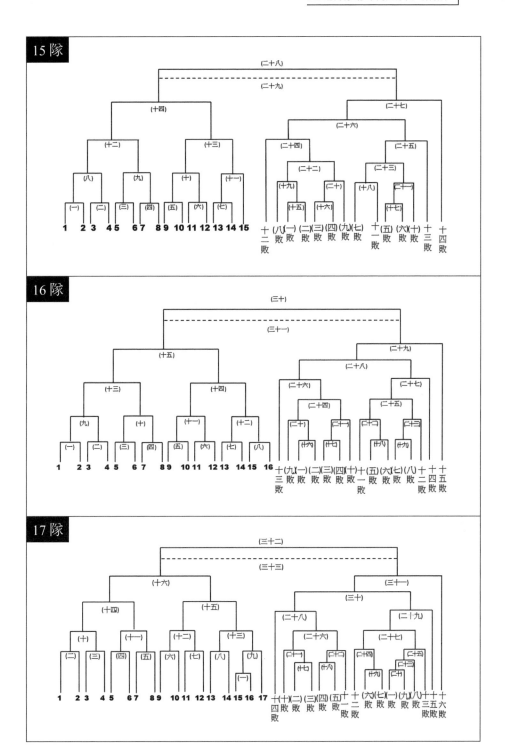

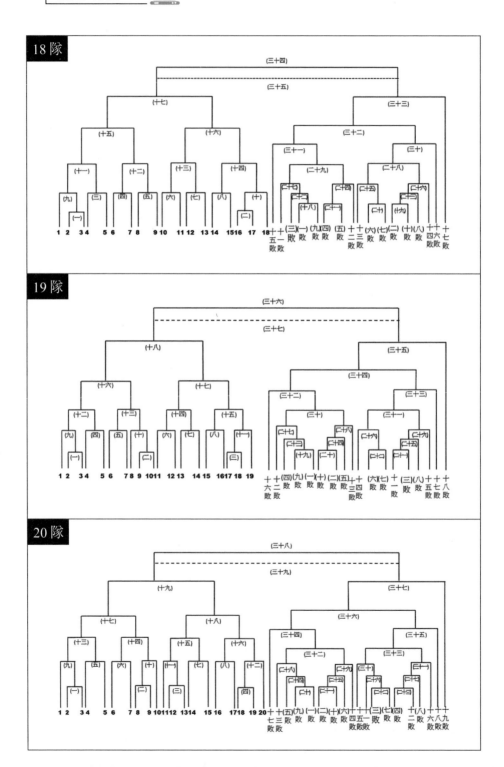

問題討論

1. 請利用代數式排出 11 隊的賽程表。
2. 請利用方格式排出 12 隊的賽程表。
3. 請利用混合賽制，排出 24 隊的賽程表。
4. 援上題，請製作賽程總表。

參考文獻

許樹淵（2003）。運動賽會管理。師大書苑。

黃國義（1985）。運動競賽制度之比較研究。體育出版社。

運動競賽
經費規劃

某日體育行政與管理下課後 A 生跑來找我，「老師，○○社區準備 10,000 元請我們幫忙辦理 10 隊的籃球比賽，您覺得可行嗎？」聽完後，我直接提出幾點問題請 A 生回答：

我：「你打算用什麼賽制？」

A 生：「用雙淘汰賽制，這樣每隊至少都能打 2 場以上，我算過場次，最少 18 場最多 19 場。」

我：「裁判費與記錄台費用你預計多少錢呢？」

A 生：「裁判 1 人 1 場 200 元，記錄台 1 人 1 場 100 元，每場比賽需 2 位裁判與 2 位記錄台人員，所以一場比賽需花 600 元。」

我：「那你預計打 18 場，單單裁判與記錄台費用就要 10,800 元，而餐費、交通費及記錄表等費用都還沒計算，你覺得 10,000 元夠嗎？」

A 生：「..................」

從上面這個案例說明，運動競賽經費必須審慎規劃，從賽前的籌備、賽事的進行與賽後的整理等環節，都需要詳細思考經費編列，才能辦理一場完美的比賽，如果運動競賽經費缺乏妥善的規劃，不僅會影響整場比賽的品質，更會造成經費透支的狀況，衍生問題。

本章將就運動競賽經費規劃時應考量的因素與實際編列，讓大家能掌握擬訂各項經費的要領，順利辦理運動競賽。

學習目標

1. 瞭解運動競賽活動經費的種類。
2. 瞭解運動競賽活動經費規劃的考量因素。
3. 瞭解運動競賽活動經費的編列方法。
4. 瞭解運動競賽活動經費的申請與核銷。

4-1 運動競賽活動經費的種類與內容

在規劃運動競賽經費時，學校單位或向政府機關申請補助經費之民間團體必須先了解政府機關經費編列的要點，以確保經費編列符合規定。

依據行政院主計總處《預算法》第十條內容規定，歲入、歲出預算，按其收支性質分為資本門、經常門兩大種類，以下分別敘述。

一、資本門（Principal Part）

> ※ 係指購置金額在新臺幣 10,000 元（含）以上，且使用年限達二年以上之設備。

屬於體育方面的資本門經費包括：

（一）體育相關設施，例如：游泳池、田徑場、體育館、風雨球場、室外籃排球場、網球場等。

（二）體育相關設備（金額需超過 10,000 元），例如：重量訓練器材、籃球架、排球柱、羽球柱、足球門等。

二、經常門（Ordinary Part）

> ※ 係指一般經常性的業務支出項目及特定事務費用之經費。

依據「共同性費用編列基準表」及「教育部補（捐）助及委辦經費核撥結報作業要點」等規定中所述，屬於體育方面的經常門經費包括：

(一) 人事費

1. 編制內員工薪俸：依照「全國軍公教員工待遇支給要點」規定核實編列。
2. 加班費：依照「各機關加班費支給要點」規定，按業務需要核實編列。
3. 全民健康保險補充保費：依衍生補充保費之人事費經費項目，乘以補充保費費率為編列上限。

(二) 業務費

1. 臨時工作人員費／工讀費

薪資以現行《勞動基準法》所訂最低基本工資 1.2 倍為支給上限，然不得低於《勞動基準法》所訂之最低基本工資。但大專校院如訂有支給規定者，得依其規定支給。

2. 印刷費

(1) 為撙節印刷費用支出，各種文件印刷，應以實用為主，力避豪華精美，並儘量先採光碟版或網路版方式辦理。

(2) 印刷費須依政府採購法規定程序辦理招標或比議價，檢附承印廠商發票核實報支。

3. 國內旅費、短程車資、運費

(1) 國內旅費之編列及支給依「國內出差旅費報支要點」辦理。

(2) 短程車資應檢據核實報支。凡公民營汽車到達地區，除因急要公務者外，其搭乘計程車之費用，不得報支。

(3) 運費依實際需要檢附發票或收據核結。

4. 膳宿費

依《教育部及所屬機關（構）辦理各類會議講習訓練與研討（習）會管理要點》第六條規定，辦理各類會議、講習、訓練及研討（習）會，所需經費應依預定議程覈實編列，膳宿費編列上限規定如下：

(1) 參加對象為機關（構）人員者，每人每日膳費新臺幣 300 元，午、晚餐每餐單價於 100 元範圍內供應，辦理期程第一天（包括一日活動）不提供早餐，其一日膳費以 240 元為基準編列；住宿費依據國內出差旅費報支要點規定辦理。

(2) 應業務需要辦理，且參加對象主要為機關（構）以外之人士者，每人每日膳費 500 元；每日住宿費比照國內出差旅費報支要點規定薦任級以下人員基準辦理。

(3) 辦理國際性會議、研討會（不包括講習、訓練及研習），每人每日膳費 1,000 元；每日住宿費為 2,000 元。但外賓每日住宿費為 4,000 元。如於膳宿費以外，再支給外賓其他酬勞者，其支付費用總額不得超出行政院所定各機關聘請國外顧問、專家及學者來臺工作期間支付費用最高標準表規定。

前項膳宿費規定，應本撙節原則辦理，並得視實際需要依各基準核算之總額範圍內互相調整支應。

5. 保險費

凡辦理各類會議、講習訓練與研討（習）會及其他活動所需之保險費屬之。

6. 場地使用費

(1) 補助案件不補助內部場地使用費。

(2) 凡辦理研討會、研習會所需租借場地使用費屬之。

7. 設備使用費

(1) 各執行單位因執行計畫，所分攤之電腦、儀器設備或軟體使用費用。

(2) 如出具領據報支，應檢附計算標準、實際使用時數及耗材支用情形等

支出數據資料。

8. 裁判費

依「軍公教員工擔任各機關（構）學校辦理各項運動競賽裁判費支給表」辦理。

表 4-1　軍公教員工擔任各機關（構）學校辦理各項運動競賽裁判費支給表

級別	金額／天	金額／場
A 級（甲級）裁判	1,700	800 元／場
B 級（乙級）裁判	1,400	
C 級（丙級）裁判	1,200	
全國性競賽	1,400	
直轄市、縣（市）級競賽	1,200	
鄉（鎮、市、區）級競賽	1,000	

附則：

(1) 本表適用對象為軍公教員工擔任各機關（構）學校主辦之各項運動競賽裁判者。

(2) 主辦運動競賽之機關（構）學校（以下簡稱主辦機關）應視各項運動競賽項目之範圍、難易複雜程度及所需專業知識，參酌預算狀況及實際需要等因素，自行訂定裁判費支給數額，最高以不超過本表所列數額為限。

(3) 同一運動競賽於適用級別規定有競合之情形者，由主辦機關參酌預算狀況及實際需要等因素，自行決定適用之級別規定。

(4) 主辦機關得衡酌實際情況，參照出差旅費相關規定，覈實支給交通費。

(5) 已支領裁判費者，不得再報支加班費或其他酬勞。

9. 雜支

凡前項費用未列之辦公事務費用屬之。例如：文具用品、紙張、資訊耗

材、資料夾、郵資等屬之。

10. 其他（請註明項目名稱）

　　依計畫各項支用用途說明。例如：競賽所需器材等（金額不得超過10,000 元以上）。

　　最後，經費規定依照活動大小有其不同，其內容可以參考相關法規，茲列舉與運動競賽活動較為常用之經費重要法規網址，如下：

1. 《預算法》。行政院主計總處。取自 https://law.moj.gov.tw/LawClass/LawAll.aspx?pcode=T0020001。
2. 「共同性費用編列基準表」。行政院主計總處。取自 https://www.dgbas.gov.tw。
3. 「教育部補（捐）助及委辦經費核撥結報作業要點」。教育部。取自 https://www.edu.tw/News_Content.aspx?n=0217161130F0B192&s=EFEDD4B77B70C8FF。
4. 「軍公教員工擔任各機關（構）學校辦理各項運動競賽裁判費支給表」。教育部。取自 https://edu.law.moe.gov.tw/LawContent.aspx?id=GL002205。

🔒4-2　運動競賽經費規劃的考量因素

　　運動競賽經費的規劃，需從籌備、比賽至賽後等階段考量整體實際的狀況來擬訂，透過人、事、時、地、物五個面向來分析各階段的經費規劃，使比賽能在經費編列到位的狀態下順利舉行。分析如下：

一、人的因素

（一）聘請裁判與記錄台人數。

（二）聘請工作人員數。

（三）聘請審判委員數。

（四）聘請運動傷害防護員數。

二、事的因素

（一）擬訂競賽組別的數量。

（二）參加隊數或人數的數量：各組隊數或人數的數量愈多，比賽時間與場次會增加；裁判、記錄台、工作人員等人事費用也會隨之增加。

三、時的因素

（一）比賽天數：比賽天數跟租借場地費用相關，在經費編列時須注意。

（二）比賽時間的規劃

1. 第一場排定時間需配合場館開門時間，如果需提早於上班時間前開門，主辦單位在借用場地前需與該單位說明，若需加班，費用則需編列。

2. 賽程時間如排至晚上時段，需與借用單位確認場館租借費用及當天賽程結束時場館關閉方式，若需加班，費用則需編列。

（三）開閉幕時間：開幕時視各主辦單位規劃，如需單位牌、音響設備、布條、盆花、來賓胸花等，皆須在經費規劃時即列入。

四、地的因素

（一）場地數量：租借場地費用。

（二）雨天備案：如競賽場地原為室外，因天候因素須移至室內進行所衍生之租借費用。

五、物的因素

「物」的因素考量範圍廣泛，主要是以各組所提出之需求來編列，大致上會考量的項目如下：

（一）人事費：包含裁判、記錄台、工作人員、審判委員等費用。

（二）器材費：如羽球、籃球、排球、球網等競賽使用之器材購置。

（三）租借場地費。

（四）獎盃、獎品費。

（五）運動傷害防護用品費。

（六）布條製作與海報印刷費。

（七）競賽用文具：如籃球／排球紀錄簿、文具等。

（八）工作人員餐費。

（九）飲用水。

（十）雜支：雜支主要是以未列入經費編列但臨時急需時之經費。

　　如果賽事規模較大，還會加上衣服、宣傳旗幟之製作與音響設備等需求，在經費規劃時就須詳細編列。

🔓 4-3　運動競賽經費編列方法

　　主辦單位在列出辦理運動競賽所需之項目後，即需依據相關規定編列運動競賽經費，由於經費概算表並無統一格式，學校可自行繕打，但概算表內需包含下列欄位，分述如下（鄭志富，2010；邱金松等，2021）：

一、概算表欄位

（一）項目：舉辦競賽活動所需項目名稱。例如：裁判費、記錄台費、場地費、獎盃或獎品費、器材費、運動傷害防護員費等。

（二）數量：填入擬訂項目的數量。例如：籃球 5 顆、獎盃 3 座等。

（三）單位：擬訂項目的計量單位。例如：個、場、支、箱、人、本等。

（四）單價：寫明擬訂項目單一（個、場、支、箱、人、本……）的價錢。例如：籃球 1 顆 2,300 元。

（五）金額：即擬定項目之「單價 × 數量」的總數。例如：排球 1,200 元×6 顆 =7,200 元。

（六）說明：讓主計單位或主管瞭解各項經費編列的標準、依據或原因，視實際需要將補充說明詳列於說明欄中，範例如表 4-2 所示。

表 4-2　經費項目說明內容

項次	項目	單位	數量	單價	金額	說明
1	裁判費	場	72	800 元	57,600 元	每場 2 位裁判，每位每場 400 元，一場合計 800 元

（七）合計：即將擬訂項目之金額加總後的總數。（需再三確認加總後金額是否正確）

　　依據上述經費編列的方法，僅將經費編列以摘要方式呈現，內容如表 4-3 所示。

表 4-3　經費編列內容摘要

項次	項目	單位	數量	單價	金額	說明
1	裁判費	場	72	800 元	57,600 元	每場 2 位裁判，每位每場 400 元，一場合計 800 元
2	記錄台費	場	72	300 元	21,600 元	記錄台每場 3 位，每位每場 100 元，一場合計 300 元
3	獎盃費	座	3	2,000 元	6,000 元	
4	籃球	顆	10	2,300 元	23,000 元	
⋮	⋮	⋮	⋮	⋮	⋮	⋮
合計			203,000 元			

二、編製經費概算表注意事項

（一）裁判費需依照行政院頒訂之「各機關（構）學校辦理各項運動競賽裁判費支給標準數額表」內容編列。

（二）裁判住宿費需依照教育部頒定之「教育部補助及委辦計畫經費編列基準表」：

1. 參加對象為政府機關學校人員者，每日住宿費上限為 1,400 元或 1,600 元。

2. 參加對象主要為政府機關學校以外之人士者，每日住宿費上限為 1,400 元。

（三）競賽經費屬經常門範疇，編列採購物品單價不得超過 10,000 元，以免經費不符規定需重新製作。

（四）每餐便當編列每一個不得超過新臺幣 100 元為原則（但是各機關單位可以依照相關規定調整）。

🔒 4-4 運動競賽經費申請與核銷

辦理運動競賽活動，一般政府機關及區域型運動協會在經費申請與核銷有一定的程序，本節以學校單位為例作說明。

運動競賽經費來源視學校辦理規模而定，如果規模較小則由校內經費支應即可，一旦規模較大學校經費不足以支應時，學校則需要尋求校外經費補助。

由於多數中等學校已普遍設立校務基金，因此體育相關單位需從特定經費項目申請，以下以中等學校為範例，介紹校內及校外申請的程序。

一、校內運動競賽經費申請程序

校內經費來源包括：(1) 體育相關經費。(2) 家長會。(3) 校友會（非每間學校皆有校友會組織），由於家長會與校友會經費申請方式各校皆不同，故僅介紹校內體育相關經費申請程序。

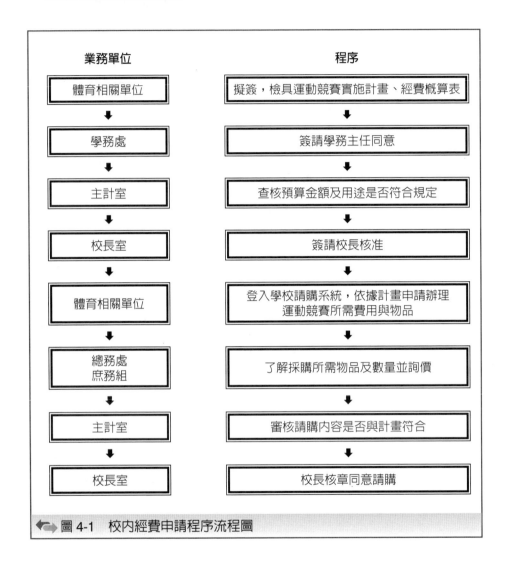

業務單位　　　　　　　　　　　程序

業務單位	程序
體育相關單位	擬簽，檢具運動競賽實施計畫、經費概算表
學務處	簽請學務主任同意
主計室	查核預算金額及用途是否符合規定
校長室	簽請校長核准
體育相關單位	登入學校請購系統，依據計畫申請辦理運動競賽所需費用與物品
總務處庶務組	了解採購所需物品及數量並詢價
主計室	審核請購內容是否與計畫符合
校長室	校長核章同意請購

◆ 圖 4-1　校內經費申請程序流程圖

二、校外運動競賽經費申請程序

校外運動競賽經費申請程序如圖 4-2 所示。

業務單位	程序
體育相關單位	依據申請機關之補助辦法擬定函稿並檢附申請表格、運動競賽實施計畫、經費概算表等資料
學務處	簽請學務主任同意
主計室	查核預算金額及用途是否符合規定
校長室	簽請校長核可
總務處文書組	印出公文及附件送發文
總務處文書組	補助機關核定補助函行文至學校文書組
體育相關單位	以簡簽方式簽具意見並擬函稿 依據補助經費公文文號及學校領據請領
總務處出納組	請出納組製作學校領據
主計室	請主計室於校務基金設立補助經費計畫項目
校長室	簽請校長核可
總務處文書組	印出公文及領據送發文
體育相關單位	依據校內經費申請程序申請經費

圖 4-2　校外經費申請程序流程圖

三、運動競賽經費核銷程序

當學校完成運動競賽活動後，承辦單位需依據實際支出，取得手寫二聯式或三聯式發票、電子二聯式或三聯式發票、免用統一發票之收據等相關正式憑證（憑證範例如圖 4-4 至圖 4-7 所示），辦理經費核銷程序。下列以國立高級中等學校為例，運動競賽經費核銷程序如下：

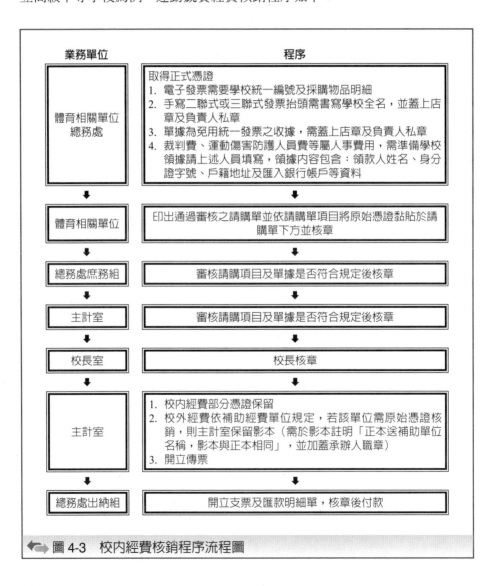

業務單位　　　　　　　　　**程序**

| 體育相關單位 總務處 | 取得正式憑證 1. 電子發票需要學校統一編號及採購物品明細 2. 手寫二聯式或三聯式發票抬頭需書寫學校全名，並蓋上店章及負責人私章 3. 單據為免用統一發票之收據，需蓋上店章及負責人私章 4. 裁判費、運動傷害防護人員費等屬人事費用，需準備學校領據請上述人員填寫，領據內容包含：領款人姓名、身分證字號、戶籍地址及匯入銀行帳戶等資料 |

| 體育相關單位 | 印出通過審核之請購單並依請購單項目將原始憑證黏貼於請購單下方並核章 |

| 總務處庶務組 | 審核請購項目及單據是否符合規定後核章 |

| 主計室 | 審核請購項目及單據是否符合規定後核章 |

| 校長室 | 校長核章 |

| 主計室 | 1. 校內經費部分憑證保留 2. 校外經費依補助經費單位規定，若該單位需原始憑證核銷，則主計室保留影本（需於影本註明「正本送補助單位名稱，影本與正本相同」，並加蓋承辦人職章） 3. 開立傳票 |

| 總務處出納組 | 開立支票及匯款明細單，核章後付款 |

◆ 圖 4-3　校內經費核銷程序流程圖

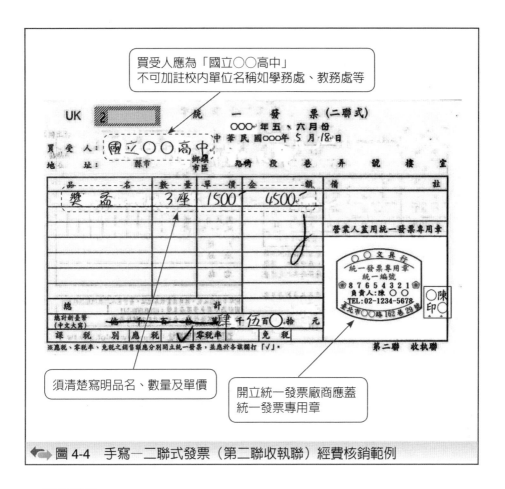

圖4-4　手寫—二聯式發票（第二聯收執聯）經費核銷範例

※ 溫馨提醒

1. 發票（人工、電子、收銀機之二聯或三聯發票）如有遺失，請向廠商索取存根聯影本，加註「與正本相符」字樣，加蓋廠商統一發票專用章，或補印電子發票證明聯，並請承辦單位以專簽說明無法提出正本之原因，經核准後報支。

2. 住宿費發票需填入住宿日期，不能僅以發票開立日期代表，例如：住宿2/7～2/10，則請於欄內填入「住宿日期2/7～2/10」等字樣。

買受人應為「國立○○高中」
不可加註校內單位名稱如學務處、教務處等

填入學校統一編號

UC 46▮▮▮ 統　一　發　票（三聯式）　　買受人註記欄　5-6

○○○年五、六月份

區　分	退貨及費用	固定資產
得扣抵		
不得扣抵		

買受人：國立○○高中

統一編號：9 3 5 0 4 2 0 2　中華民國○○○年 5 月 18日

地　址：　　縣市　鄉鎮市區　　路街　段　巷　弄　號　樓　室　編號：

品　　名	數　量	單　價	金　　額	備　　註
訂書針	50盒	180	9000	

須清楚寫明品名、數量及單價

營業人蓋用統一發票專用章

銷　售　額　合　計		9000

○○文具行
統一發票專用章
統一編號
⊛ 8 7 6 5 4 3 2 1 ⊛
負責人：陳○○
TEL：02-1234-5678
臺北市○○路 162 巷 29 號

營　業　稅	應稅	零稅率	免稅	450
	✓			

總　　　計	9450

總計新臺幣
(中文大寫)　億　千　百　拾　萬 玖千百伍拾○元

※應稅、零稅率、免稅之銷售額應分別開立統一發票，並應於各該欄打「✓」。
買受人註記欄之註記方法：營業人購進貨物或勞務應先按其用途區分為「退貨及費用」與「固定資產」，其退項稅額，除營業稅法第十九條第一項第四款不可扣抵外，其餘均得扣抵，並在各該適當欄內打「✓」符號。

第二聯　扣抵聯

UC 46▮▮▮ 統　一　發　票（三聯式）　　買受人註記欄

○○○年五、六月份

區　分	退貨及費用	固定資產
得扣抵		
不扣抵		

買受人：國立○○高中

統一編號：9 3 5 0 4 2 0 2　中華民國○○○年 5 月 18日

地　址：　　縣市　鄉鎮市區　　路街　段　巷　弄　號　樓　室

品　　名	數　量	單　價	金　　額	備　　註
訂書針	50盒	180	9000	

營業人蓋用統一發票專用章

銷　售　額　合　計		9000

○○文具行
統一發票專用章
統一編號
⊛ 8 7 6 5 4 3 2 1 ⊛
負責人：陳○○
TEL：02-1234-5678
臺北市○○路 162 巷 29 號

營　業　稅	應稅	零稅率	免稅	450
	✓			

總　　　計	9450

總計新臺幣
(中文大寫)　億　千　百　拾　萬 玖千百伍拾○元

※應稅、零稅率、免稅之銷售額應分別開立統一發票，並應於各該欄打「✓」。
買受人註記欄之註記方法：營業人購進貨物或勞務應先按其用途區分為「退貨及費用」與「固定資產」，其退項稅額，除營業稅法次第十九條第一項第四款不可扣抵外，其餘均得扣抵，並在各該適當欄內打「✓」符號。

第三聯　收執聯

開立統一發票廠商應蓋
統一發票專用章

⬅ **圖 4-5　手寫一三聯式發票（核銷時須同時檢附第二、第三聯發票）**
　　　　經費核銷範例

◆ 圖4-6　電子發票—二聯式（收執聯）經費核銷範例

※ **溫馨提醒**

1. 應有廠商名稱、統一編號及地址。（如圖4-6①所示）

2. 需有品名、數量與總價，若品名以代號或外文填寫，應由經手人加註貨品名稱並簽名。（如圖4-6②所示）

3. 應有學校統一編號「93504202」，若未輸入統一編號，應請廠商加註學校名稱或統一編號後，加蓋統一發票專用章。（如圖4-6③所示）

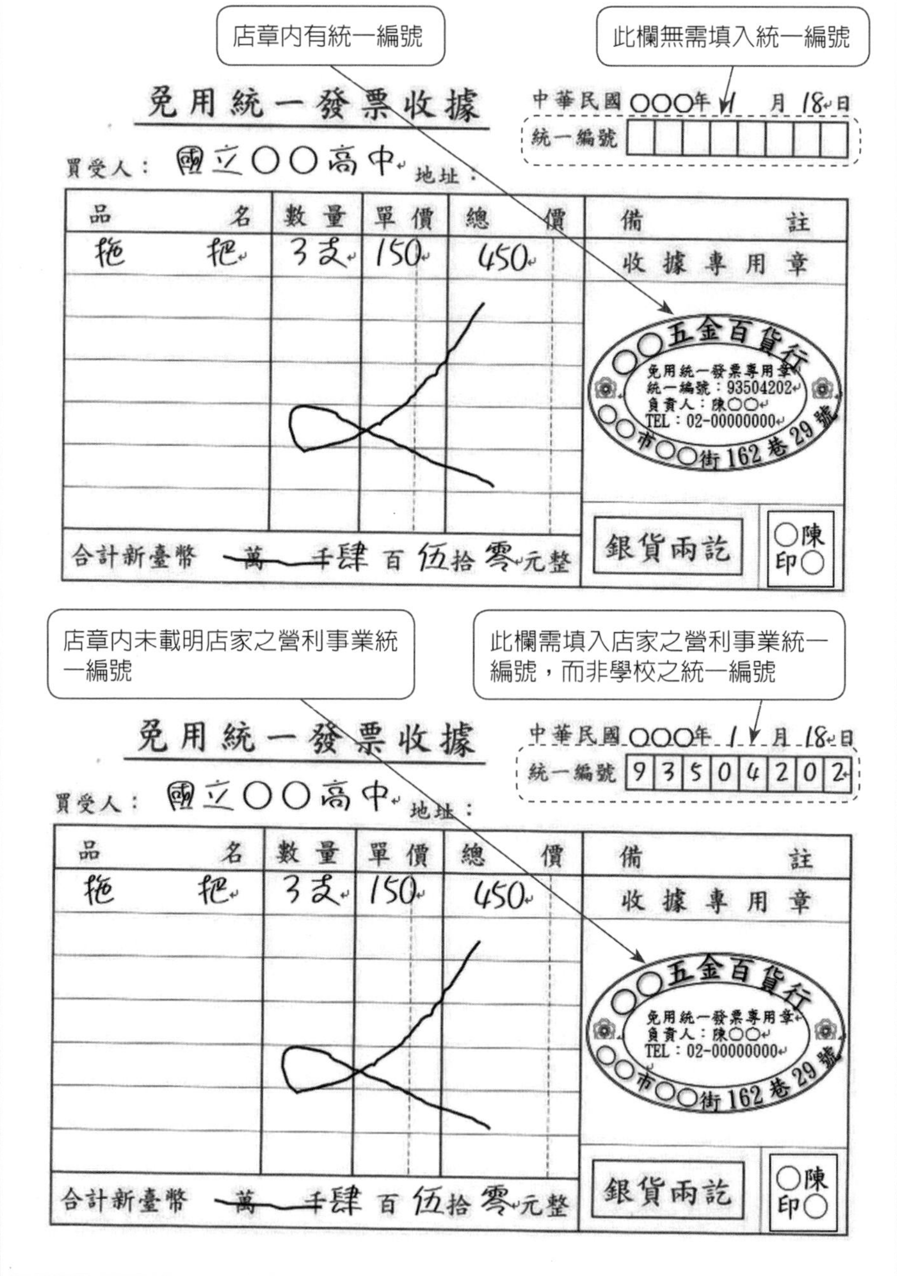

店章內有統一編號

此欄無需填入統一編號

免用統一發票收據

中華民國○○○年11月18日

統一編號 ☐☐☐☐☐☐☐☐

買受人：國立○○高中　地址：

品　名	數量	單價	總　　價	備　　註
拖　把	3支	150	450	收據專用章

〇〇五金百貨行
免用統一發票專用章
統一編號：93504202
負責人：陳〇〇
TEL：02-00000000
市〇〇街162巷29號

合計新臺幣　萬　千肆百伍拾零元整　　銀貨兩訖　　〇陳印〇

店章內未載明店家之營利事業統一編號

此欄需填入店家之營利事業統一編號，而非學校之統一編號

免用統一發票收據

中華民國○○○年11月18日

統一編號 9 3 5 0 4 2 0 2

買受人：國立○○高中　地址：

品　名	數量	單價	總　　價	備　　註
拖　把	3支	150	450	收據專用章

〇〇五金百貨行
免用統一發票專用章
負責人：陳〇〇
TEL：02-00000000
市〇〇街162巷29號

合計新臺幣　萬　千肆百伍拾零元整　　銀貨兩訖　　〇陳印〇

◀── 圖4-7　免用統一發票收據經費核銷範例

4-5 運動競賽經費規劃實例

若學校單位欲辦理全國性運動競賽活動,其經費規劃可參考表 4-4 內容所示。

表 4-4 ○○年○○盃全國籃球錦標賽經費概算表

項次	項目名稱	數量	單位	單價	金額	說明
1	裁判費	56	場	1,600	89,600	每場次 3 位裁判、4 位記錄,裁判 56 場,記錄 56 場(裁判 400 元 / 場,記錄 100 元 / 場)
2	交通費	8	人	1,566	12,528	支付臺北裁判之交通費及住宿費等費用 交通費以自強號票價(783 元 ×2 趟)支應
3	住宿費	8	人	3,200	25,600	支付裁判之住宿費,以 1,600 元 / 晚 ×6 人 ×2 晚計算
4	獎盃 (冠軍)	2	座	1,300	2,600	
5	獎盃 (亞軍)	2	座	1,300	2,600	分甲、乙二組 各取前三名優勝
6	獎盃 (季軍)	2	座	1,300	2,600	
7	場地費	4	天	8,000	32,000	臺東縣立體育館 6/7 ~ 6/10

項次	項目名稱	數量	單位	單價	金額	說明
8	比賽用球	20	顆	3,200	64,000	比賽球 ×6 顆 練習球 ×7 顆 ×2 面場地
9	防護員加班費	2	天	1,200	2,400	依據教育部體育署輔導全國性民間體育活動團體辦理年度工作計畫經費項下
10	電腦割字布條	2	條	1,800	3,600	
11	便當	440	個	80	35,200	4 天，工作人員 55 人，午、晚餐
12	礦泉水	100	箱	120	12,000	
13	籃球記錄表	20	本	120	2,400	
14	紀念衫	60	件	250	15,000	
15	雜支	1	式		5,000	防塵拖把、刮沙地墊及相關比賽用品
	合計				307,128	

承辦人＿＿＿＿＿　單位主管＿＿＿＿＿　主計主任＿＿＿＿＿　校長＿＿＿＿＿

資料來源：國立○○高級中學。

🔒4-6 結語

　　「錢不是萬能，沒錢萬萬不能。」舉辦體育運動競賽活動時，經費是否充裕會影響整體活動的品質；而擬定完善的經費規劃，能使主辦單位清楚地掌握運動競賽活動的方向，並從中找到優點與目前面臨的困境，進一步優化運動競賽活動經費與資源的配置與策略，讓主辦單位對活動走向更明確，未來在執行時也能更有指標及依據。另外，經費概算具有前瞻性，可作為籌備

期間內各工作小組的工作進度績效基礎，也能夠完整呈現組織內部的效率和積極度，這有助於主辦單位了解各小組的真正的執行成果，進而圓滿的辦理運動競賽活動。

✎ 問題討論

1. 你了解經常門與資本門間的差異嗎？
2. 你清楚學校經費核銷的程序及步驟嗎？
3. 請試著擬定 12 隊報名參加的班際籃球運動競賽活動的經費規劃。

參考文獻

鄭志富（2010）。體育行政與管理。師大書苑。

邱金松、楊宗文、劉照金、張俊一、官文炎、張智涵、陳金盈（2021）。體育行政概論。華格那企業股份有限公司。

Chapter *5*

運動競賽
活動管理

運動競賽活動管理是針對活動的規劃、籌辦、舉辦以及賽後的結案等所有事務全部過程的管理。是營利或非營利組織（民間或政府）舉辦一種具有休閒娛樂、觀光遊憩、經濟發展或政治外交等效能的運動競賽活動，並結合內外部的各項資源，透過規劃、組織、領導及控制等管理功能之運用，以達成籌辦組織既訂目標的過程（程紹同，2004）。

由於辦理全國性或國際性的大型賽事通常由政府機關或全國單項運動協會主辦，涉及層面廣泛並不在本章討論之列，本章將以學校、地方單項運動組織及校內學生自行辦理運動競賽活動的角度，提供辦理過程中應該注意的事項，循序漸進的方式完成運動競賽活動。

辦理運動競賽需考量的層面非常廣泛，從比賽舉辦的日期、辦理方式、競賽規模、人力配置、比賽時間、比賽地點、經費……等，都必須擬定詳細且周全

的計畫，再輔以管理的措施，運用人力、物力和財力等資源，整合人、事、時、地、物與相關訊息，才能使整個運動競賽活動按照既定之計畫順利且有效率的推行，進而圓滿完成整個活動。許多專家學者將辦理運動競賽活動的過程分為籌備期、比賽期與結束期等三個階段（許樹淵，2003；葉憲清，2005；鄭志富，2010），本章依此階段進行說明，並對運動競賽活動管理概要描述。

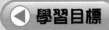

學習目標

1. 瞭解運動競賽活動籌備期的管理方式。
2. 瞭解運動競賽活動比賽期的管理方式。
3. 瞭解運動競賽活動結束期的管理方式。

5-1 運動競賽活動籌備期之管理

籌備期是辦理運動競賽活動最重要的階段，因為活動成功與否，取決於籌備過程中是否能夠確實掌握各種環節，妥善擬訂計畫並按部就班來完成各項工作。籌備期的過程及工作，可分為「活動醞釀階段、確立目標階段、資訊蒐集階段、方案訂定階段、計畫完成階段」等五個階段，分別說明如下：

一、活動醞釀階段

構思運動競賽活動是循序漸進的方式，首先需要決定預計辦理的項目種類，才能透過各種資訊蒐集的過程，進行整體計畫的擬定，為活動打下良好的基礎，本階段工作內容如下：

(一) 成立籌備委員會，建立運動競賽活動組織架構

1. 籌備委員會與工作執行小組之組織架構

辦理運動競賽活動可以視活動規模的大小決定是否設置，一般各級學校或地方單項運動組織辦理的規模較小，籌備委員會與工作執行小組的組織相對精簡（如圖 5-1 所示）；但是大型運動競賽所需考量的因素涉及層面太廣，需要協調與整合各種不同領域的單位，所以必須成立籌備委員會來統籌一切準備的工作，工作執行小組也隨之增加以因應需求。

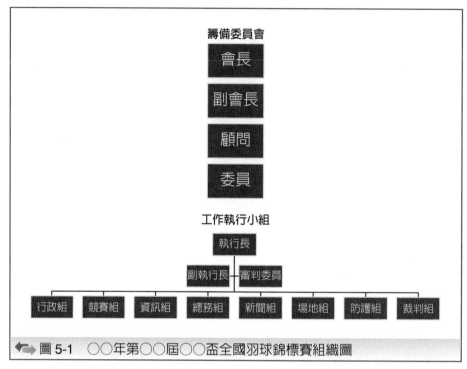

◀ 圖 5-1　○○年第○○屆○○盃全國羽球錦標賽組織圖

資料來源：中華民國羽球協會。

2. 工作執行小組

　　工作執行小組是負責整個運動競賽活動的執行者，小組成員由籌備委員會聘任之。工作執行小組設召集人一人，副召集人一人或數人，委員若干人，秘書一人，總幹事一人，副總幹事一人或多人（許樹淵，2003）。大型的運動競賽活動，因工作分工細緻，國內常見的工作執行小組設立如下：

(1) 行政組。　(2) 競賽組。　(3) 裁判組。　(4) 總務組。　(5) 場地器材組。
(6) 記錄組。　(7) 資訊組。　(8) 新聞組。　(9) 醫護組。　(10) 典禮組。
(11) 服務組。　(12) 會計組。　(13) 文書組。　(14) 獎品組。　(15) 交通組。
(16) 警衛組。　(17) 攝影組。　(18) 票務組。
(19) 其他未設立之組別可依工作性質合併列入其他組別。

　　一般由學校或地方單項運動協會所辦理的區域型全國性的運動競賽活

動，可視主辦單位辦理的活動規模與人力增減組數，通常工作執行小組的設立如下：

(1) 行政組。　(2) 競賽組。　(3) 裁判組。　(4) 總務組。　(5) 場地器材組。
(6) 資訊組。　(7) 新聞組。　(8) 醫護組。　(9) 會計組。　(10) 記錄組。
(11) 文書組。　(12) 獎品組。　(13) 典禮組。

　　辦理校內或學生自主的運動競賽活動，工作執行小組可再縮減組別，設立：

(1) 行政組。　(2) 競賽組。　(3) 裁判組。

3. 各組工作內容

　　國內運動競賽活動常見的工作執行小組及工作內容，概要陳述如下（許樹淵，2003；鄭志富，2010）：

(1) 行政組

　　a. 擬訂籌備委員會各項議程，印製開會通知。

　　b. 整理會議紀錄。

　　c. 各組工作追蹤與協調。

　　d. 調查統計並發放工作人員服裝。

　　e. 辦理保險事宜。

(2) 競賽組

　　a. 印發註冊表格與競賽規程及各單位須知。

　　b. 受理註冊、報名事宜。

　　c. 編配比賽賽制及競賽秩序。

　　d. 秩序冊的印製。

　　e. 競賽表格的印製及請購球類競賽專用紀錄本。

　　f. 主持各單位報到事宜及分發秩序冊及紀念品。

　　g. 出席領隊會議、記者招待會、各組聯繫會議。

　　h. 代收參加單位會旗、徵求大會標誌、吉祥物圖案。

(3) 裁判組

 a. 聘請裁判員，分配裁判工作。

 b. 編印裁判須知。

 c. 製作裁判封袋，分發裁判員資料。

 d. 編印分發裁判用比賽表格。

 e. 設計裁判員服務工作內容。

 f. 擬定裁判員工作補助費、裁判服裝費。

 g. 主辦裁判講習會，統一有關裁判技術問題。

(4) 總務組

 a. 活動周邊之彩樓、歡迎標誌及旗幟之設置。

 b. 布置比賽場地。

 c. 整理比賽場地周邊之環境。

 d. 布置領隊與裁判員報到處。

 e. 布置貴賓、長官席位。

 f. 設立會場醫務及運動傷害防護處。

 g. 指導企業廠商看板布置。

 h. 供應會場茶水。

 i. 設立臨時盥洗室。

 j. 購置用品及印製文件。

 k. 辦理經費收支。

 l. 製作人員、車輛路線圖及防災時之疏散圖及須知。

(5) 場地器材組

 a. 場地規格及廠牌之公布。

 b. 修建、整理及測量場地。

 c. 確定並商借比賽場地。

 d. 比賽設備器材之準備與檢查。

 e. 繪製比賽場地布置圖。

 f. 設計及準備頒獎臺。

g. 設置旗竿，準備升優勝旗。

h. 準備參觀席、貴賓席、裁判員席、運動員席及頒獎員休息處。

i. 場館人員之訓練。

j. 布置裁判及運動員飲水處。

(6) 資訊組

　　a. 建置運動競賽活動官網資訊。

　　b. 協助競賽組網路報名事宜。

　　c. 建置網路繳費系統。

　　d. 協助記錄組網路即時公布成績事宜。

(7) 新聞組

　　a. 發布運動競賽活動新聞。

　　b. 設計分發及張貼運動競賽活動標語、標誌。

　　c. 主辦記者招待會。

　　d. 對外宣傳活動。

　　e. 蒐集媒體對活動報導資訊。

　　f. 分發記者資訊。

　　g. 設置新聞服務站。

　　h. 設置與蒐集活動記錄影片。

(8) 醫護組

　　a. 現場醫護及救護事宜。

　　b. 聯繫比賽場地周邊之醫療院所。

　　c. 運動傷害治療及處理。

(9) 記錄組

　　a. 表格的準備：成績對照表、成績公布表（單）。

　　b. 記錄文件的準備。

　　c. 統計表的準備。

(10) 會計組

　　a. 彙編經費預算。

　　　b. 審核經費支出。

　　　c. 登錄收支帳目。

　　　d. 審核各組報銷。

　　　e. 彙編經費報銷手續及注意事項。

(11) 文書組

　　　a. 統一收發運動競賽活動文件。

　　　b. 繕打印製運動競賽活動各項文件。

　　　c. 繕打印製運動競賽活動職員、裁判員、單位隊職員、運動員之識別
　　　　證。

　　　d. 辦理與分發大會車輛交通證。

　　　e. 繕打印製獎狀及紀念狀。

　　　f. 繕打印製報名表格。

　　　g. 製作在地觀光指南。

　　　h. 繕打印製徵求廣告、企業廠商公司行號贊助之各項文件。

　　　i. 繕打印製運動競賽活動廣告文件。

　　　j. 繕打印製展覽會地點位置之分配圖。

(12) 獎品組

　　　a. 徵求獎品、獎品編號、保管及展覽。

　　　b. 設計及製作紀念會章、獎章、獎狀及大會錦標。

　　　c. 分配頒獎之負責人員及辦理頒獎。

　　　d. 訂定頒獎首長輪值表，並分函聘請。

(13) 典禮組

　　　a. 訂定開閉幕典禮秩序。

　　　b. 指定司儀人員。

　　　c. 指定播音及電源管制人員。

　　　d. 指定升降旗人員。

　　　e. 聯繫典禮開始至禮成間之奏樂事宜。

　　　f. 指定招呼隊伍人員。

g. 指定繞場、進出場之指揮人員。

h. 與表演團體聯繫，隊伍集合進場及出場事宜。

i. 與報告員聯繫典禮或表演完成時隊伍退場之秩序。

j. 預演及訓練典禮人員。

4. 訂定行事曆，確實掌握工作進度。

二、確立目標階段

當運動競賽活動已初步完成整體規劃，本階段的工作內容則是完備實施計畫或競賽規程，內容如下：

（一）擬定運動競賽活動之名稱及辦理目的。

（二）確立運動競賽活動之指導單位、主辦單位、承辦單位及協辦單位。

（三）確立運動競賽活動辦理之日期和地點。

（四）擬定運動競賽活動規模：

1. 預計辦理的競賽組別與隊數（或人數）之數量。

2. 區域性或全國性之運動競賽活動層級。

3. 比賽場館數量及設備器材。

（五）擬訂運動員資格、競賽辦法、競賽規則、報名方式、抽籤日期與地點、獎勵方式、申訴方式及其他事項。

（六）透過網路及發函各單位公布比賽資訊。

（七）編列運動競賽活動經費預算。

三、資訊蒐集階段

本階段依據參賽單位報名的資料及參賽費用進行彙整，內容如下：

（一）彙整競賽分組報名資料，統計各組參賽隊數或人數並造冊。

（二）依據已繳交報名費用之隊伍或選手進行造冊及入帳，並製作報名費單據交由參賽單位。

（三）提供住宿、交通、膳食等資訊。

（四）尋找贊助單位。

四、方案訂定階段

本階段之工作重點是以採購運動競賽活動所需之器材及物品為主，並公布競賽相關訊息，內容如下：

（一）請購運動競賽活動使用器材及物品。例如：獎盃或獎牌、宣傳旗幟與海報、T-shirt、開幕典禮邀請卡、開幕典禮單位牌等。

（二）確定各競賽分組比賽賽制。

（三）公布抽籤日期、時間及地點。

五、計畫完成階段

進入本階段代表籌備期即將結束，此階段的工作內容是以完成各項比賽期準備工作為主，內容如下：

（一）整理比賽場地、器材及設備之準備。

（二）遴聘大會工作人員及辦理講習。

（三）編印運動競賽活動秩序冊。

（四）召開領隊會議、裁判會議。

（五）確認請購器材與物品已送達。

（六）布置運動競賽活動宣傳旗幟及海報。

（七）布置開幕典禮會場。

（八）寄送邀請卡：邀請卡的寄送以開幕典禮日期往前推算 10 天為最佳，不僅能讓受邀請人提前安排日程，也能讓主辦單位掌握出席人數。

（九）招募運動競賽活動志工。

5-2 運動競賽活動比賽期之管理

比賽期的開始代表著籌備期工作的完成，由於單項運動競賽活動之舉行，比賽日程短，賽程較為緊湊的情況下，比賽期的管理就需各組發揮功

能，因應各種狀況妥善處理，確保比賽能在公平、公正的狀態下順利進行，主要的工作內容包括：

一、開幕典禮

開幕典禮是精神象徵，也是運動競賽活動的最高潮，參賽隊伍井然有序的排列，會場氣氛熱絡，能讓與會的貴賓及參賽單位感受到主辦單位的熱情，為接下來的競賽活動踏出成功的第一步。為使開幕典禮能順利進行，主要的工作內容為：

（一）參加人員：參賽隊伍、大會工作人員及裁判務必出席開幕典禮。

（二）集合時間及地點：單項運動競賽活動，開幕時間會列入競賽規程中，例如：

1. 開幕時間：○○○年 7 月 22 日（星期三）上午 10 時整。

2. 地點：○○國中體育館。

※ 志工持單位牌引導參賽隊伍就位。

（三）服裝規定：要求參賽各隊著統一服裝，工作人員及裁判則穿著大會製作之服裝。

（四）引導貴賓入貴賓席。

（五）開幕典禮流程：

1. 典禮開始。

2. 主席致詞。

3. 介紹與會來賓。

4. 來賓致詞。

5. 運動員宣誓。

6. 開球儀式。

※ 籃球項目通常由開幕結束後下一比賽場次隊伍派出球員在中場準備跳球，由主席和貴賓拋球的方式進行。

※ 排球項目則由主席或貴賓在排球場底線處象徵性發球的方式進行。

7. 禮成。

二、會場管理

　　競賽活動正式開始後，會場負責人員需嚴格掌控比賽流程，場地、器材、設備、裁判、記錄、獎品、會場志工等運作順暢，特別注意比賽中出現之棄賽、抗議、違規方面之問題，即時解決妥善的處理，確保比賽期間各項活動都能有效管理。主要的工作內容為：

（一）審核運動員資格。

（二）審判委員裁定競賽期間發生之爭議。

（三）受理申訴事件交由審判委員終決。

（四）抗議事件需公正處理，避免判定不公，衍生消極參賽或罷賽等情事。

（五）依秩序冊排定之時間提前廣播參賽隊伍（選手）準備。

（六）調整比賽場次：為因應參賽隊伍或選手棄賽或其他因素未能出賽，得商請裁判長調整場次。

（七）處理會場偶發事宜，例如球員鬥毆、觀眾鬧場等事件。

（八）制訂觀眾進入會場之管理規定並公布於入口處。

（九）即時公布比賽資訊。

三、頒獎典禮

　　辦理區域性單項運動競賽活動，各競賽組別完成賽事之時間不一致，因為參賽隊伍或選手來自各縣市，主辦單位會在各組名次決定後印製獎狀及準備獎盃、獎牌或獎品立即頒獎，以利參賽單位能提早離開。主要工作內容為：

（一）獎品組依據記錄組成績製作獎狀並準備獎品、獎盃或獎牌。

（二）大會廣播得獎隊伍或選手至頒獎臺。

（三）邀請頒獎人員。

（四）禮成並拍照作成紀錄。

🔒5-3　運動競賽活動結束期之管理

當比賽期結束後，整個運動競賽活動開始進入結束期的工作，主辦單位在此段期間主要的工作內容為：

一、召開賽後檢討會

賽後檢討會主要是檢討本次運動競賽活動之過程，例如：

（一）競賽期間發生的各種問題及處理經過。

（二）突發事件應變是否得當。

（三）是否適切掌握競賽時間。

（四）輿論對運動競賽活動的評價。

（五）各組是否妥善運用人力。

（六）經費運用情形是否充分，並審核經費使用情形及核銷狀況。

（七）會場管理運作情形，包括垃圾清運、廁所整潔、觀眾進出場動線等是否得當。

（八）檢視記錄組、文書組、場地器材組、總務組比賽期結束後資料整理及場地復原工作。

（九）審核感謝函。

（十）審核成果報告書。

二、整理單據、設備與環境

各組單據並檢具核銷、歸還借用之設備及器材、清除競賽活動宣傳旗幟、海報等物品。

三、彙集競賽活動資料

針對運動競賽活動的資料、文件檔案、公文書信歸檔、寄送感謝函、新聞剪輯等進行蒐集整理。

四、整理運動競賽報告

有系統的整理運動競賽活動照片及競賽成績與優勝單位，依計畫、執行、考核方式製作成果報告書（以學校為例，製作成果報告書如圖 5-2 所示）。

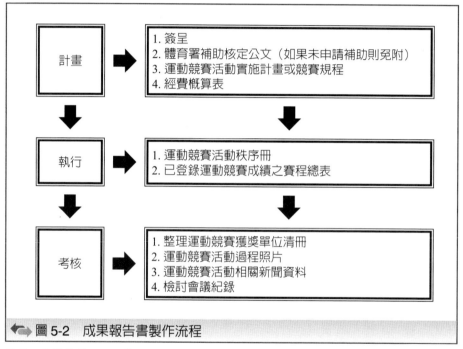

圖 5-2　成果報告書製作流程

備註：需製作封面及目錄。

5-4　結語

辦理運動競賽活動是一連串決策與行動的動態歷程，首先，透過賽前完善的設計與規劃，儘速建立組織，利用專業的分工為整個運動競賽活動確立目標及方向；緊接著，賽中各工作小組賽事的掌控與管理，為活動順利進行與安全把關；最後，賽後整理工作與活動檢討，總結活動經驗及缺點為以後

比賽提供更好的改善措施等三個階段，建構出整體運動競賽活動的全貌。

因而，俗話說：「小細節、大關鍵！」一場規模盛大的運動競賽活動，如果因為一些微不足道的小細節沒有好好處理，則可能導致破窗效應而讓活動無法圓滿呈現。例如：賽程延誤、觀眾出入的管制、垃圾桶的放置區域與清理、廁所數量與整理、停車場設置……等，雖然不是運動競賽活動的主體，卻會深深影響參與民眾對賽事的觀感。

所以，辦理運動競賽活動是需要許多時間、心力與財力投入才能完成，主辦單位只要能掌握籌備期、比賽期及結束期的各項要點，一定能圓滿且順利的完成賽事活動，達成預期的目標。

問題討論

1. 試列出運動競賽活動中「籌備期」主要的工作重點有哪些？
2. 試列出運動競賽活動中「比賽期」主要的工作重點有哪些？
3. 試說明運動競賽活動中「行政組」其主要工作職責為何？

參考文獻

程紹同等（2004）。運動賽會管理—理論與實務。揚智文化。

許樹淵（2003）。運動賽會管理。師大書苑。

葉憲清（2005）。學校體育行政。師大書苑。

鄭志富（2010）。體育行政與管理。師大書苑。

公文書寫與成果報告

常言道：「關係靠走動、團隊靠活動、顧客靠感動、資金靠流動、生命靠運動、成功靠行動！」

那麼，辦理或參加運動競賽活動時，靠什麼呢？

一般單位在辦理運動競賽活動時，可能需要向政府機關或學校機關借用場地、申請經費補助，或者是想要得知機關學校發布的運動競賽資訊，可能無法僅藉由「走動、活動、感動、流動、運動」就達成，而要有所「行動」！這裡的行動需要透過「公文」的書寫與閱讀才能夠彼此「互動」並建立資訊溝通的「橋梁」。

而相關單位之間的交流溝通常以公文作互動媒介，因而，如何進行公文書寫與解讀則有一些技巧需要掌握。重要的是，一項運動競賽活動籌辦之際，藉由公文陳報所屬主管機關核備並取得回復的公文及文號，則通常是作為該項運動競賽

活動的重要辦理依據，也是該項運動競賽活動的競賽層級的表現，連帶亦是運動競賽成績獲得各個單位、機關認可的重要基礎。尤其是藉由公文發布運動競賽的競賽規程內容來提供比賽日期、比賽地點、運動員資格、比賽賽制、報名方式及各項資訊，也是運動競賽順利舉辦的基礎。

另外，運動競賽活動的成果報告則是在活動辦理之後，進行彙整運動競賽成果提供相關人員參考，也可能作為申請機關單位經費補核銷的重要依據之一。因此，運動競賽的公文書及成果報告著實是扮演著運動競賽在規劃籌備、賽事執行、成果產出的關鍵角色，都是對於運動競賽規劃者、參與者及相關人員需要有高度認知的一個環節。

所以，運動競賽規劃與執行的過程中，對於公文書寫、解讀及成果報告製作與認識也是重要的環節，有助於活動執行與實施。

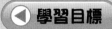

學習目標

1. 瞭解公文書寫的重要資訊。
2. 瞭解公文書寫的內容。
3. 瞭解運動競賽成果報告內容。

6-1 公文書的表達格式

運動賽會的辦理，基本上有些資訊需要公告，常見的是競賽規程的內容，在公告賽會辦理時，進行通知各單位的公文書。以下是一紙公文書的內容，並包含一些基本資訊。解讀公文書的內容，有助於迅速掌握運動競賽的主辦單位、聯絡人、競賽層級、時間規劃、注意事項等。

一、公文整體結構

依據 2007 年修訂公布的《公文程式條例》第 1 條中對於公文的開宗明義的界定，係指「稱公文者，謂處理公務之文書；其程式，除法律別有規定外，依本條例之規定辦理。」而行政院在 2015 年出版的《文書處理手冊》中則對於該手冊所稱文書，係「指處理公務或與公務有關，不論其形式或性質如何之一切資料」，且更進一步指出「凡機關與機關或機關與人民往來之公文書，機關內部通行之文書，以及公文以外之文書而與公務有關者，均包括在內。」（行政院，2015）。因而，就意義上來說，處理公務往來溝通協調的文書都屬於公文。

而就實務上來說，「公文」更是運動競賽籌備過程中最重要且有效率的溝通方式與管道！因為公文內容傳遞的資訊，是來自於運動競賽籌備組織與相關機關、單位之間進行溝通協調的重要依據，其精簡的內容可以提升溝通

的效率，更是相關單位作業執行的重要參考。

　　基本上，一份公文的整體結構包含有「本別、檔號及保存年限、發文機關及文號、地址及聯絡方式、受文者、發文日期、發文字號、速別、密等及解密條件、附件、本文（主旨、說明、辦法）、正本、副本、簽署及用印」等（如圖 6-1 所示）。

　　當然，因為是公文書，既有的格式與要求都是為了讓公文書內容可以有一個標準來遵循，讓製作及解讀公文的程序能夠流暢以利行政效能的提升。簡單來說，製作公文書的內容有一些需要注意的關鍵與核心概念，那就是「資訊溝通」。尤其重要的是，製作公文內容是要讓溝通對象需要知道什麼資訊，並用精簡的文字來傳達內容。

　　因而，有一些指標需要掌握，透過簡要的「檢核表」來檢視公文內容（如表 6-1 所示），包含「發文單位、發文者承辦資訊、受文者承辦資訊、發文資訊、主旨、說明、正（副）本單位」等 7 個結構內容，則有助於對於公文製作與解讀能夠有正確的瞭解。其中，主旨與說明則是公文結構中的本文，也就是常見公文書欲傳達的核心資訊，更是製作與解讀的重要關鍵。

表 6-1　公文書內容檢核表

完成打 ✓	公文書內容
	1. 發文單位
	2. 發文者承辦資訊（地址、承辦人、電話、傳真、電子信箱）
	3. 受文者承辦資訊（單位全銜、地址）
	4. 發文資訊（日期、字號、速別、密等及解密條件、附件）
	5. 主旨（本文）
	6. 說明（本文）
	7. 正、副本單位

本別(16號字)　　　　　　　　　　檔　號：(10號字)

保存年限：(10號字)

機關全銜(文別)(20號字，置中)

機關地址：(12號字)(令、公告不須此項)
承辦人：○○○(12號字)
電　話：(02)○○○○－○○○○(12號字)
傳　真：(12號字)
電子信箱：(12號字)

郵遞區號□□□□□□(數字依郵局規定)
地址：(12號字)

受文者：(令、公告不須此項)(16號字)

發文日期：(12號字)
發文字號：(12號字)(會銜機關排序:主辦機關、會辦機關)
速別：(12號字)(令、公告不須此項)
密等及解密條件或保密期限：(12號字)(令、公告不須此項)
附件：(12號字)(令不須此項)

本文：(16號字)(令：不分段，但人事命令可例外。公告：主旨、依據、公告事項三段
　　　　式。函、書函等：主旨、說明、辦法三段式。)

正本：(12號字)(令、公告不須此項)
副本：(12號字)(如有含附件者，方要註明：含附件或含○○附件)

簽署及用印(16號字)

會銜公文：按機關排序蓋用機關首長簽字章
令：蓋用機關印信、機關首長簽字章
公告：蓋用機關印信、機關首長簽字章
函：上行文－署機關首長職銜姓名蓋職章
　　平、下行文－機關首長職銜簽字章
書函、一般事務性之通知等：蓋機關(單位)條戳

頁碼(10號字)

圖 6-1　公文整體結構

二、公文的類別

依據行政院（2015）的《文書處理手冊》中，對於公文程式之類別說明中提到公文分為「令」、「呈」、「咨」、「函」、「公告」、「其他公文」6種，茲分別說明如表6-2所示。

表 6-2 　公文類別

分類	說明
1. 令	公布法律、發布法規命令、解釋性規定與裁量基準之行政規則及人事命令時使用
2. 呈	對總統有所呈請或報告時使用
3. 咨	總統與立法院、監察院公文往復時使用
4. 函	各機關處理公務有下列情形之一時使用： (1) 上級機關對所屬下級機關有所指示、交辦、批復時 (2) 下級機關對上級機關有所請求或報告時 (3) 同級機關或不相隸屬機關間行文時 (4) 民眾與機關間之申請與答復時
5. 公告	各機關就主管業務或依據法令規定，向公眾或特定之對象宣布周知時使用
6. 其他公文	其他因辦理公務需要之文書

其他公文的內容包含廣泛，有「書函、開會通知單或會勘通知單、公務電話紀錄、手令或手諭、簽、報告、箋函或便箋、聘書、證明書、證書或執照、契約書、提案、紀錄、節略、說帖、定型化表單」等16項的文書內容。

其中，書函與函的內容相似，但是書函在使用的性質則不如函來得正式。參考《文書處理手冊》對於書函的說明為：「於公務未決階段需要磋商、徵詢意見或通報時使用，及舉凡答復內容無涉准駁、解釋之簡單案情，寄送普通文件、書刊，或為一般聯繫、查詢等事項行文時均可使用，其性質不如函之正式性。」（行政院，2015）。

另外，其他在公務機關內部較為普遍常用的則是開會通知單（召集會議使用）、簽（承辦人員就職掌事項，或下級機關首長對上級機關首長有所陳述、請示、請求、建議時使用）、報告（公務用報告如調查報告、研究報告、評估報告等；或機關所屬人員就個人事務有所陳請時使用）、便箋（以個人或單位名義於洽商或回復公務時使用）、聘書（聘用人員時使用）、提案（對會議提出報告或討論事項時使用）、紀錄（記錄會議經過、決議或結

論時使用）等，則都可以再進一步瞭解與熟悉使用時機以利製作與解讀。

三、公文製作注意事項

公文是行政執行與資訊溝通的成功關鍵，因而，良好的公文製作應該掌握「公文行文系統、公文文本內容、公文專門用語、遵守用字原則、語言簡潔白話」等事項，分別說明：

(一) 公文行文系統

公文行文系統是指發文機關與受文機關的關係，主要有上行文、平行文、下行文。其中，行文關係說明為：

1. 上行文：指下級機關對所屬上級機關有所請求或報告時而行文。
2. 平行文：指同級機關或不相隸屬機關之間時而行文。
3. 下行文：指上級機關對所屬下級機關有指示、交辦、批復時而行文。

基本上，若以一所縣立國中的行文，其面對上行文則為教育部、縣政府等；平行文則是其他國中、機關等；下行文則是該校校內所屬各單位等（如圖 6-2 所示）。

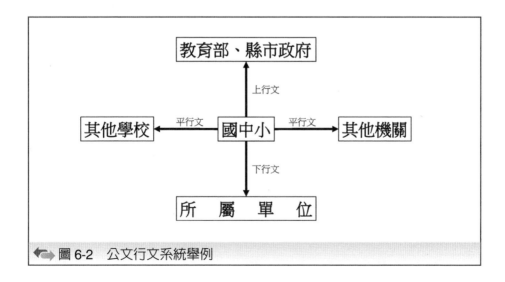

← 圖 6-2　公文行文系統舉例

(二) 公文文本內容

運動競賽活動的資訊眾多，從規劃辦理、執行運作到成果報告，各個環節應該要有哪些資訊溝通，作業程序及配合則都攸關活動執行的順遂與成敗的關鍵。因而，運動競賽活動的公文，則扮演著資訊溝通的重要角色，尤其是常見的函、公告、開會通知單等。

而依行政院頒布之《文書處理手冊》，公文文字使用應儘量明白曉暢、詞意清晰，以達到《公文程式條例》第 8 條所規定「簡、淺、明、確」之要求。

公文文本則為該公文內容的主張，雖然因應不同的公文類別而有不同的表現方式，但是，常見的文本則有「主旨、說明、辦法」的三段式內容，說明如下：

1. 主旨

(1) 主旨是公文的全文精要，主要是說明行文目的與期望，且力求具體扼要。

(2) 主旨內容不分項，文字緊接段名冒號之下書寫。

(3) 主旨寫法採用公文專門用語中的「起首語」＋「本案主要意旨」＋「期望語」，且字數建議在 50 個字以內，以求具體扼要。

(4) 範例：

 a. 上行文

  起首語：「檢陳」、「附陳」。

  期望語：請鑒核、請鑒察、請核示、請釋示。

  稱謂語：下級對上級稱「鈞」、「鈞長」；自稱「本」。

  例如：中學發函體育署屬於「上行文」，其中，起首語為「檢陳」；本案主要意旨為「本校……計畫書乙份」；而期望語則為「請鑒核」。

主旨：檢陳本校「○○○年充實體育器材設備」計畫書乙份，請鑒核。

---

b. 下行文

　起首語：「檢送」、「附送」。

　期望語：請查照、請照辦、請查照轉行照辦。

　稱謂語：上級對下級稱「貴」，自稱「本」。

　例如：體育署發函學校屬於「下行文」，其中，起首語為「檢送」；本案主要意旨為「教育部……並依說明辦理」；而期望語則為「請查照」。

主旨：檢送「教育部運動發展基金補助各級學校運動代表隊作業要點」乙份，請於時限內提出申請，並依說明辦理，請查照。

---

c. 平行文

　附送語：「檢送」、「附送」。

　期望語：請查照、惠請查照辦理、請查照惠辦、請惠允見復。

　稱謂語：無隸屬關係之機關稱「貴」，自稱「本」。

　例如：學校發函無隸屬關係之機關（學校）屬於「平行文」，其中，稱謂語為「本校」與「貴校」；本案主要意旨為「暑期……付款作業」；而期望語則為「請查照」。

主旨：本校商借貴校游泳池實施「暑期課輔游泳與自救能力教學」業已辦竣，請掣據擲寄俾便辦理付款作業，請查照。

---

2. 說明

　說明的寫法主要是分點說明，其分點說明的表述方式如下：

說明：

一、引據或事實。

二、申述：分析利弊原因。

三、歸結：發文機關見解。

四、如欲要求副本收受者作為時的配合方法。

五、如有附件時列於說明最後一項。

而說明在寫法上則是以「引據、申訴、歸結」等的三段寫法，或者是以「事實、原因、結果」作陳述，說明如下：

a. 說明寫法 1：「引據」＋「申述」＋「歸結」的三段式論證法。

第一點寫出引據，亦即寫出辦理本案的原因，是依據「來函、法令、計畫、會議決議、簽呈、前案、理論、研究結果、媒體報導」等。

例如：體育署補助學校體育館修繕工程的函文，進行說明時，則第一點「復貴校……」為依據；第二點「本案核定……」與第三點「本署編訂……」為申述；第四點「本案」為歸結。

主旨：同意補助貴校「體育館屋頂修繕工程」經費新臺幣 80 萬元，請於 2 週內備文掣領據併附依核定計畫修正後之經費申請表辦理撥款，請查照。

說明：

一、復貴校○年○月○日○字第○號函。

二、本案核定經費 80 萬元，補助經費 80 萬元，補助比率 100%。

三、本署編訂學校運動安全管理及學校運動設施設計參考手冊，並掛置於本署網站，供學校參考。

四、本案請儘速規劃辦理，並於○年○月○日前檢附收支結算表及成果報告報本署結案。

b. 說明寫法 2：「事實」＋「原因」＋「結果」的因果關係法。

如果不是前述或者是寫出「事實、現況」進行描述，並就本案的事實、來源、理由、經過等做詳細的敘述。

主旨：本校辦理「泛太平洋盃全國籃球錦標賽」，請惠予同意借用貴校體育館，俾利活動進行，請查照。

> 說明：
> 一、為促進學生籃球運動風氣，並促進校際籃球交流，特辦理本活動。
> 二、借用時間：○年○月○日（星期三）至○年○月○日（星期日）。
> 三、檢附「泛太平洋盃全國籃球錦標賽」實施計畫 1 份。

3. 辦法

　　內容主張是對受文者提出具體要求或作法，也就是公文的主旨或說明中提到的這件事情時，應該如何做，或者是如何執行的主張都可以使用本段進行列舉。而辦法的段名，有時也可以因為公文內容改用「建議」、「請求」、「擬辦」、「核示事項」等。

(三) 公文專門用語

　　公文專門用語包含「起首語、稱謂語、期望語、引述語、經辦語、論斷語、請示語、准駁語、抄送語、附送語、結束語」等，其中，在公文文本的主旨中，使用「起首語＋主要意旨＋期望語」，使用時會因應公文行文系統而有一些要求，說明如表 6-3 與表 6-4。

表 6-3　公文主旨的起首語專門用語

起首語	適用範圍
檢陳、謹查、茲有	上行文
檢送、經查、茲經、函詢	平行文
檢附、檢發、檢送、所詢	下行文
關於、有關、為、函轉	上行文、平行文、下行文
制定、訂定、修正、廢止、核釋	公布（法律）、發布（法規命令、行政規則）
特任、任命、茲聘、僱	下行文（人事命令）

表 6-4　公文主旨的期望語專門用語

期望語	適用範圍
請　鑒核、敬請　核示、請　備查、敬請　核備、請　察照	上行文
請　查照、請　察照、請　督照、請　查照辦理、請　查照惠辦、請　查照惠允、請　查明惠復	平行文
請　查照、希　照辦、希　切實照辦、請　轉行照辦、請　辦理見復	下行文

(四) 遵守用字原則

　　法律統一用字與用語是立法院在 1973 年 3 月 13 日第 1 屆第 51 會期第 5 次會議及 1986 年 11 月 25 日第 78 會期第 17 次會議認可，且在 2015 年 12 月 16 日第 8 屆第 8 會期第 14 次會議通過新增一則法律統一用字（司法院，2023）。因而，法律統一用字、用語有其規定。

1. 法律統一用字

　　摘錄常見的用字舉例有「公布、分布、頒布、部分、身分、釐訂、釐定、占、占有、獨占、雇員、雇主、雇工（名詞用雇）、僱、僱用、聘僱（動詞用僱）、計畫（名詞用畫）、策劃、規劃、擘劃（動詞用劃）、蒐集、儘先、儘量、紀錄（名詞用紀錄）、記錄（動詞用記錄）、覆核、復查、複驗、取消……」等，詳細可參見《文書處理手冊》（行政院，2015）。

2. 法律統一用語

　　摘錄常見的用語舉例有「設機關、置人員、第九十八條、第一百十八條、自公布日施行……等」，而其他如法律之「創制」，用「制定」；行政命令之制作，用「訂定」；表、證照、冊據等，公文書之製成用「製定」或「製作」，即用「製」不用「制」等，詳細可參見《文書處理手冊》（行政

院，2015）。

3. 公文書數字用法

公文書數字用法以阿拉伯數字，常見在時間、日期（例如：公元 2023 年、8 時 55 分、921 大地震、3 週時間）、電話、傳真（例如：02-1234-5678）、郵遞區號、門牌號碼（104703 臺北市中山區朱崙街20號）、計量單位（例如：168 公分）、統計數據（例如：85%、1,234 元、567 人）等。另外，使用中文數字，常見的為在描述性用語時，例如：一律、一致性、前一年、第二專長、四級棒球等，而專有名詞上則是三權分立、女王二世，及慣用語的正月初一、星期五、四分之三、八千餘人等。

4. 公文標點符號用法

公文標點符號是為了讓行文閱讀更為順暢，因而在使用上有句號（。）、逗號（，）、頓號（、）、分號（；）、冒號（：）、問號（？）、驚歎號（！）、引號（「」、『』）、破折號（——）、刪節號（……）、夾註號〔（）〕等。

(五) 語言簡潔白話

使用簡單淺白的文言文，並以濃縮的白話文做努力，以避免較為艱深的內容導致撰寫與閱讀上的落差，畢竟，公文書的內容核心主要是資訊溝通。

🔒6-2　公文簽辦與常見文書

從運動競賽活動規劃與辦理的角度來檢視時，更是應該熟悉公文書的專用術語來達到有效率地跟政府機關、民間團體，以及相關人員作有效地協調。史重要的是，運動競賽活動辦理之前的主辦單位透過公文陳報主管機關核定與核備的動作之後，也才會使得該項運動競賽活動在辦理上有所依據。

因而，運動競賽活動的辦理過程中，公文書寫常見有公文發文核定、收文的簽辦、開會通知單、獎狀、聘書、感謝狀、志工服務證書等。

(一) 運動競賽辦理的公文核定

運動競賽辦理時考量辦理的規模與層級，有相關單位的指導、主辦、承辦、協辦等相互合作，其中，在辦理之前因應規模與層級則需要獲得所屬主管機關的核定與同意，並部分補助或提供經費與資源支持。基本上，學校內部的運動競賽則由學校核定，而體育運動協會則依本身隸屬層級辦理縣市級或全國級的運動競賽，並由各主管機關核定該一賽事的認可與核定。

因而，在辦理運動競賽之前，除了籌備單位的各項準備工作之外，將預定辦理的計畫或競賽規程發文給主管機關核定是一個重要的關鍵。發文內容可能包含邀請主管機關擔任主辦或共同主辦單位，且讓主管機關得知該項運動競賽活動預計辦理的各項細節內容。而該一發文若蒙主管機關核定函復同意，該函復的公文則視為該項運動競賽辦理的重要依據，且該函復公文的發文字號即作為後續聘書或獎狀的依據字號之一，又或者是獎狀上的署名與運動賽會規模層級的依據。

1. 單位內部簽核

例如：學校單位在校內規劃辦理運動競賽活動，則擬定簽呈給所屬主管單位核示。其主旨為「檢送……」、說明有三點為「為提升……」、擬辦為「奉核後……」，若經主管核准之後，才能夠根據該依據簽呈辦理後續事宜。

主旨：檢送○○樂活健康盃班際錦標賽活動事宜，簽請核示。

說明：

一、為提升學生身心健康並推廣○○運動，擬規劃於○年○月○日至○
　　年○月○日辦理○○樂活健康盃班際錦標賽。

二、○○樂活健康盃班際錦標賽的實施計畫如附件一。

三、經費需求預計新臺幣二萬元整，擬由年度運動競賽經費核支。

擬辦：奉核後實施。

---

2. 發函外部單位

而若是各單項運動協會或縣市體育會單項運動委員會辦理運動競賽活

動，則可以擬定簽呈發函給所屬主管單位（教育部體育署、縣市政府教育處或體育局等）認可核示後，待取得主管機關單位函覆核可後的函文字號據以辦理。

例如：某縣市體育會○○委員會備函給縣市教育處擬規劃辦理縣長盃○○運動錦標賽，則製函給所屬主管機關核示。其主旨為「檢陳……」、說明有三點為「○○縣……」，若經主管核准函覆之後，才能夠根據該依據簽呈辦理後續事宜。

主旨：檢陳本會推廣與強化本縣○○運動，懇請鈞府同意主辦「○○縣
　　　○年全縣運動會○○運動錦標賽」暨補助相關經費並由本會承辦，
　　　請鑒核。
說明：
一、○○縣○年全縣運動會○○運動錦標賽實施計畫如附件一。
二、比賽的辦理時間為○年○月○日，地點為○○縣立體育館。
三、經費需求為新臺幣五萬元整，敬請補助相關經費，經費概算如附件二。

(二) 公文收文的簽辦

依照《文書處理手冊》中，說明「簽」為處理公務表達意見，以供上級瞭解案情、並作抉擇之依據，而「稿」則為公文之草本，依各機關規定程序核判後發出（行政院，2015）。機關對於公文收文之後，機關承辦人對於收文有須簽辦但不用回覆發文，也有須簽辦且需發文回覆兩種情形。因而，收文機關承辦人就職掌事項，或下級機關首長對上級機關首長有所陳述、請示、請求、建議時使用簽來辦理公文。

其中，依照《文書處理手冊》（行政院，2015）在公文簽辦時簽的擬辦方式有「先簽後稿、簽稿併陳、以稿代簽」等，其中，「先簽後稿」是處理有關政策性或重大興革案件、牽涉較廣，會商未獲結論案件、擬提決策會議討論案件、重要人事案件、其他性質重要必須先行簽請核定案件等；而「簽稿併陳」處理文稿內容須另為說明或對以往處理情形須酌加析述的案件、依法准駁，但案情特殊須加說明的案件、須限時辦發不及先行請示的案件等；

且「以稿代簽」則是處理一般案情簡單或例行承轉的案件。

簽的款式與撰擬要領中，參考《文書處理手冊》的說明（行政院，2015），則有以下的要求：

1. 款式

(1) 先簽後稿：簽應按「主旨」、「說明」、「擬辦」等三段式辦理。

(2) 簽稿併陳：如案情簡單，可不分段，以條列式簽擬。

(3) 一般存參或案情簡單的文件，得於原件文中空白處簽擬。

2. 撰擬要領

(1)「主旨」：扼要敘述，概括「簽」的整個目的與擬辦，不分項，一段完成。

(2)「說明」：對案情的來源、經過與有關法規或前案，以及處理方法的分析等，作簡要的敘述，並視需要分項條列。

(3)「擬辦」：為「簽」之重點所在，應針對案情，提出具體處理意見，或解決問題之方案。但是，意見較多時則可以分項條列。

(4)「簽」的各段應截然劃分，在「說明」段不提擬辦意見，「擬辦」段不重複「說明」。

例如：某一高中體育組欲辦理田徑隊暑期集中訓練計畫，簽請該校校長裁示，以「主旨、說明、擬辦」三段式進行撰擬：

主旨：檢陳本校田徑運動代表隊暑期集中訓練計畫案，簽請核示。

說明：

一、本校田徑代表隊為準備全國中等學校田徑錦標賽，擬辦理暑期集中訓練。

二、暑期集中訓練參加學生共 18 人，由○○○老師協助訓練，並於 7 月○日至 8 月○日週一至週五共計 36 天，於本校田徑場辦理。

三、集中訓練計畫內容如附件，訓練經費為 6 萬元整，擬由田徑基訓站補助款下支應。

擬辦：奉核後將依相關規定辦理。

(三) 開會通知單

　　開會通知單主要內容有「受文者、發文日期、發文字號、速別、密等及解密條件或保密期限、附件、開會事由、開會時間、開會地點、主持人、聯絡人及電話、出席者、列席者、副本、備註及機關單位章」（如圖 6-3 所示）。其中，清楚的會議舉辦單位、受文者、主持人及開會事由、時間與地點，且如果有相關問題還有聯絡人與聯繫方式可以洽詢。

○○○○○○　　　開會通知單

受文者：○○○

發文日期：中華民國○○○年○○月○○日
發文字號：○○○○ 字第 ○○○○○○○○○ 號
速別：普通件
密等及解密條件或保密期限：
附件：

開會事由：○○○○

開會時間：○年○月○日(星期○)下午○時○分

開會地點：○○○○會議室

主持人：○○○

聯絡人及電話：○○○　　02-12345678

出席者：○○○○
列席者：○○○○
副本：○○○○

備註：如不克參加，敬請指派代表出席。

○○○○○○　　　　　　(機關單位)

圖 6-3　開會通知單

(四) 獎狀、聘書、感謝狀、志工服務證書

　　除了公文之外，運動競賽活動中的重要文書為獎狀，其他則有聘書、感
謝狀、志工服務證書等（如圖6-4所示）。其中，因應運動競賽的賽事規模

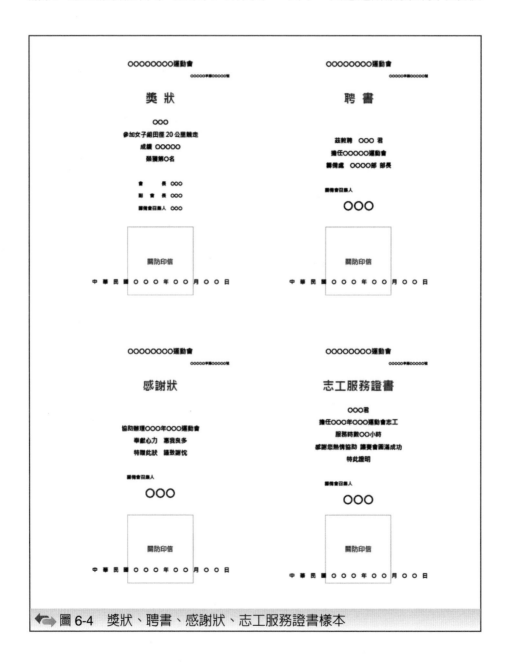

◆ 圖 6-4　獎狀、聘書、感謝狀、志工服務證書樣本

與層級，從該賽事主管機關函復認可的發文字號及署名該運動競賽的首長，相較於運動競賽賽事名稱更有依據。

因而，獎狀中應該將該一運動競賽的主管機關授權認可的發文字號敘明在獎狀中，也有利於相關機關對於運動競賽成績進行查證。各式相關文書內容則是包含賽會名稱、認可發文字號、對象、事由、賽會首長署名、關防印信、時間等。

例如：若是全國運動會，其獎狀上內容則是「賽會名稱、認可字號為教育部○年○月○日臺教授體部字第○號的文字、對象、運動種類及項目、成績，且證書下方的會長署名為行政院長、副會長署名為教育部長、籌備會召集人署名為承辦縣市首長、關防印信及時間」等。

6-3　運動競賽活動的成果報告

運動競賽活動的規劃、執行、成果的辦理過程中，組織、單位、個人之間的溝通除了透過公文書進行溝通協調之外，在運動競賽成果的展現上更是可以作為後續運動競賽辦理與成績紀錄的參考重要價值。當然，隨著運動競賽活動的規模不同，需要呈現的成果報告內容詳細程度也有所差異。

然而，一份運動競賽活動的成果報告書，其實是一項運動競賽活動的籌備、執行與評估的重要精華。檢視一份「全國運動會」的成果報告書中，其內容大致有幾個區塊，分別為「封面、目錄、致詞、大會簡介、大會組織、聖火引火傳遞、開閉幕典禮、大會系列活動、社會資源贊助、大會競賽與服務、競賽成績、選手精彩畫面、新聞剪輯、創新與建議」等 14 個區塊作成果展示，也幾乎表達了運動競賽活動的成果報告內容，茲分別摘要說明：

1. 封面

封面頁中則是該項運動競賽活動的名稱及成果報告書，並清楚呈現指導單位、承辦單位、協辦單位及時間等，來清楚表達該份報告書的主題。

2. 目錄

目錄可以有效率的提供一些資訊，有助於摘要報告書的重要內容段落及頁碼，以利方便檢視報告書的內容。

3. 致詞

指導單位代表、主辦單位代表、承辦單位代表、大會貴賓等的致詞內容，這些紀錄內容都有許多有關活動辦理的宣示與主張，可以提供活動規劃的重要資訊參考。

4. 大會簡介

大會簡介包括大會會旗、會歌、徽標（Logo）、口號（Slogan）、競賽種類、服裝、識別證、停車證、獎座、獎牌、獎狀、周邊設計等相關內容。

5. 大會組織

大會組織架構的人員與執掌、籌備會的人員與執掌、競賽審查會的人員與執掌、禁藥管制會的人員與執掌、籌備處的人員與執掌等內容。

6. 聖火引火傳遞

聖火引火傳遞從聖火的引火典禮、出發記者會、傳遞方式與路線、路線傳遞規劃、精彩畫面的擷取與說明等。

7. 開閉幕典禮

開閉幕典禮則包含開幕典禮程序表、運動員集結進場路線、各單位須知、表演介紹、節目介紹、精彩畫面、閉幕典禮程序表、各單位須知、頒獎、精彩畫面等內容。

8. 大會系列活動

大會系列活動主要辦理目的是增加運動競賽活動的曝光率並增加能見度，因而包含籌備處揭牌、運動派對、主持人全國海選記者會、周邊商品發表記者會、志工召募、贊助商聯合記者會、專屬設計款服裝發表會、獎座及獎牌發表記者會等。

9. 社會資源贊助

社會資源贊助主要是納入更多的資源來挹注活動的辦理，而提出社會資源贊助企劃書，描述社會資源贊助與運動競賽活動彼此相互增益的多贏目標，以增加活動的資源，在報告書中也包含大會贊助夥伴的名單。

10. 大會競賽與服務

大會競賽與服務包含競賽規程、競賽日程及地點、裁判長名單、各競賽種類場地工作團對名單、團本部位置圖、團本部動線圖、團本部配置圖、緊急應變計畫、衛生局及各地衛生所、各地區警政消防機關、因應嚴重特殊傳染性肺炎防疫計畫、保險說明及請領方式等。

11. 競賽成績

競賽成績包含各縣市參賽人次統計表、各競賽種類參賽人次統計表、各縣市獎牌統計表、績優單位獲獎一覽表、各競賽種類破紀錄一覽表、各競賽種類成績表等。

12. 選手精彩畫面

選手精彩畫面則是摘要各競賽種類的畫面進行編排並說明，以凸顯運動競賽活動的精彩瞬間。

13. 新聞剪輯

新聞剪輯則是將運動競賽活動籌備、辦理期間有關的重要新聞進行摘要剪輯，並敘明媒體、日期與時間，以強化運動競賽活動的豐富性與能見度。

14. 創新與建議

創新與建議部分則是針對運動競賽活動的籌備與執行過程中，作出評估並針對部分細節進行檢討，以利後續辦理的參考。因而，可以針對籌備會組織運作進行各部門創新發展的部分提供一些思維，另外，也對於該次運動競賽活動不足或可以更好更完善的部分，提供一些具體建議。

另外，除了上述的運動競賽活動的成果報告內容之外，仍有部分可以補充，諸如「辦理經費規模、大會成績紀錄」等亦可提供參酌。其中，辦理經

費規模可以說明該一運動競賽活動的籌辦執行經費，與各項社會資源贊助的金額。而大會成績紀錄則是可以提供各個運動競賽種類項目的紀錄保持人與成績，以提供參考。

6-4　結語

　　運動競賽活動的公文書寫與成果報告各有其重要的功能，不論是公文書的發文、收文，或是成果報告製作都應該注意一些細節。特別是對於運動競賽活動辦理單位來說，在活動辦理之前應該發文取得主管機關或單位的認可，並據以規劃活動層級、經費規模、運動員資格、運動賽制、競賽日程、競賽時間等一系列相關內容，以利活動順利執行。

　　因而，在公文書的呈現應該力求行文簡潔的原則，把握文字精簡、條理分明、立論有據且遵循用字原則；在收文簽辦過程，亦應該把握專業意見與執行程序作規劃，並取得各所屬機關單位的核可，以作為作業依據與順利執行的基礎。另外，運動競賽活動的成果報告雖然會因應競賽規模大小，而有內容豐富程度的要求，但是，有一些重要的成果需要詳實呈現，其中，尤其是整理歷次運動競賽的成績紀錄、大會紀錄、執行內容、檢討事項、建議方向等，則都是作為後續運動競賽或不同層級競賽的參考依據。所以，成果報告書的呈現目的與價值，亦即是將運動競賽活動的系列內容作有效紀錄與呈現，並彙整活動的各項事件，且將這些事件內容分門別類的歸納與整理，以利經費核銷及重要成果的展現，更重要的是將該活動的經驗提出創新與建議作為後續活動完善執行的參考。

問題討論

1. 請試著擬定一份校內辦理健康盃班際籃球運動錦標賽的簽。
2. 請試著擬定一份辦理健康盃班際籃球運動錦標賽的開會通知單。
3. 請試著擬定一份商借○○國中體育館辦理校內田徑運動代表隊移地訓練的函。

參考文獻

行政院（2015）。文書處理手冊（第 6 版）。行政院。

司法院（2023）。法律用字用語統一表。時間：2023 年 1 月 15 日，取自司法院 https://www.judicial.gov.tw/tw/cp-2008-163354-de8c4-1.html。

運動競賽辦理實例

運動競賽的規模可以從學校的班際、系際、校際等較為小型的賽事來辦理，也能擴大到全國甚至國際性的比賽，由於辦理全國性或國際性的大型賽事通常由政府機關或全國單項運動協會主辦，本章將就學校或地方性單項球類運動協會較常舉行之籃球、排球及羽球等球類競賽，透過辦理競賽的實際案例將競賽規程、賽制圖、賽程總表與經費概算等步驟，為大家做介紹。

🔒7-1 籃球競賽實例

本節以某國立高中辦理全國性籃球錦標賽爲例，條列競賽規程、賽制圖、賽程總表及經費概算等內容，內容如下：

※ **辦理條件**

比賽天數：4 天

競賽組別：高中男子組

比賽場地：國立〇〇高中體育館

　　　　　〇〇縣立體育館

壹、競賽規程

〇〇〇年〇〇盃全國籃球錦標賽競賽規程

一、主　　旨：爲鼓勵推動籃球運動風氣進而培育在地優秀運動選手，藉由比賽邀請外隊交流切磋，以增長選手比賽經驗，提升本地籃球水準。

二、指導單位：教育部體育署

三、主辦單位：國立〇〇高中、〇〇縣籃球委員會

四、協辦單位：〇〇縣政府

　　　　　　　國立〇〇高中校友會

　　　　　　　國立〇〇高中家長會

五、贊助單位：〇氏企業股份有限公司

六、比賽組別：高中男子組

七、參賽資格：

　　（一）編組經本校邀請以高中體總公告之〇〇〇學年度高中籃球聯賽報名學校名單爲準。

　　（二）報名需符合高中體總〇〇〇學年度高中籃球聯賽報名資格者。

　　（三）符合〇〇〇學年度畢業即將離校之三年級生**請勿參賽**。

（四）參賽學校應指定公私立綜合醫院檢查，認定性別及身體狀況可參加劇烈運動者（證明書留存學校備查），方可報名參加。

八、報名方式：即日起至○○○年 5 月 31 日（星期四）下午 15:00 止。

※ 報名表請 mail 至 abc@gm.pttsh.ttct.edu.tw、def@gm.pttsh.ttct.edu.tw（務必兩個都寄）

九、比賽時間：○○○年 6 月 7 日至 6 月 10 日（星期四～日）共 4 天。

十、比賽地點：國立○○高中體育館及○○縣立體育館。

十一、開幕典禮：○○○年 6 月 7 日（星期四）下午 17:00 於國立○○高中學體育館舉行，**請務必參加**。

十二、比賽規則：施行 FIBA 頒布最新版 2017 國際籃球規則。

十三、比賽用球：VEGA OBU-717 super pro 3500。

十四、比賽方式：邀請報名○○○學年度高中籃球聯賽甲級乙級各 8 隊共 16 隊參賽，採分組循環晉級名次循環賽制。

十五、比賽抽籤：○○○年 5 月 31 日（星期四）下午 16:30 於○○高中球館辦公室舉行，未到者由主辦單位代抽不得異議。

十六、領隊會議：○○○年 5 月 31 日（星期四）下午 17:00 於○○高中球館辦公室舉行。

十七、注意事項：

（一）參賽球員必須攜帶學生證。（需有○○○學年度下學期註冊蓋章）

（二）符合高中體總○○○學年度高中籃球聯賽該校報名資格之國中九年級生須另具身分證以備證明。

（三）每隊至多報名 18 名球員，賽前提出 12 名出賽名單。

（四）報名後不得頂替或撤換，若有相關情事以取消資格論處。

（五）參加隊伍應**自行投保意外險或醫療險等相關保險**，主辦單位不負損害賠償責任，當事人或其利害關係人均不得向主辦單位提出任何請求，並同意若在從事活動過程中有意外之運動傷害事故發生及其後續醫療事務願由參加隊伍自行負責處理。**安全切結同意書請簽名拍照附報名表上傳，並請配合於比賽時繳交備存。**

十八、獎　　勵：甲乙兩組各擇優取前 3 名頒發獎盃。

十九、附　　註：如有未盡事宜以本校網址 http://www.***.ttct.edu.tw/。公
布之最新消息爲準，請自行查詢、恕不另行通知。

○○○年○○盃全國籃球錦標賽報名表

隊名			組別		高中男子組	
聯絡人		Line ID		行動電話		
領隊		Line ID		行動電話		
教練		Line ID		行動電話		
助理教練		Line ID		行動電話		
管理		Line ID		行動電話		
序號	球員姓名	出生年月日	○○○學年度在籍學校 & 年級			備註
1						
2						
3						
4						
5						
6						
7						
8						
9						
10						
11						
12						
13						
14						
15						
16						
17						
18						

即日起至○○○年 5 月 31 日（星期四）止。

貳、賽制圖

○○○年○○盃全國籃球錦標賽高中男子組賽制圖

一、高中男子組（共 12 隊）。

二、比賽制度：

（一）第一階段：預賽採分組單循環賽制。

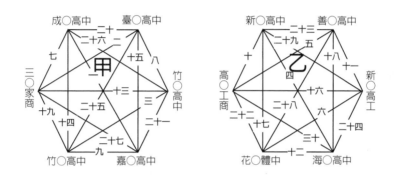

（二）第二階段：預賽甲、乙兩組各取出 1～4 排名進入一～八名交叉
　　　決賽（如圖 7-1），預賽各組第 5、6 名直接進入九～十二排名
　　　循環決賽（如圖 7-2，預賽成績保留）。

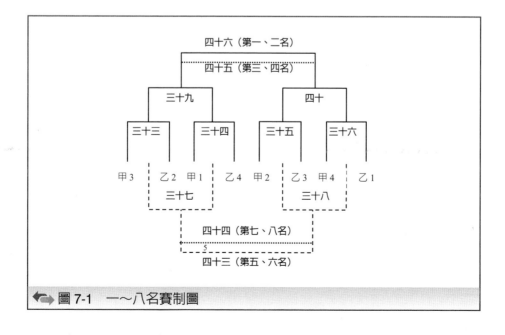

圖 7-1　一～八名賽制圖

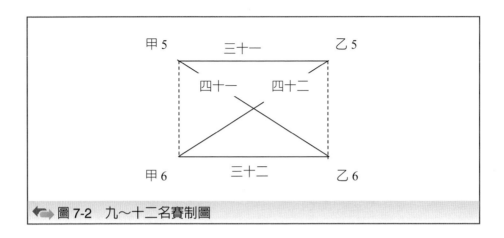

圖 7-2　九～十二名賽制圖

參、賽程總表

○○○年○○盃全國籃球錦標賽高中男子組賽程表

比賽地點：○○高中體育館

日期	場次	時間	分組	淺色隊伍 × 深色隊伍	比數	勝隊
6/1 （六）	一	08:00	甲	成○高中 × 嘉○高中		
	二	09:20	甲	臺○高中 × 三○家商		
	三	10:40	甲	竹○高中 × 竹○高中		
		12:00 ～ 13:30				
	七	14:00	甲	三○家商 × 成○高中		
	15:30		甲	開幕典禮		
	八	16:00	甲	竹○高中 × 臺○高中		
	九	17:20	甲	嘉○高中 × 竹○高中		

比賽地點：○○縣立體育館

日期	場次	時間	分組	淺色隊伍 × 深色隊伍	比數	勝隊
6/1 （六）	四	08:00	乙	新○高中 × 海○高中		
	五	09:20	乙	善○高中 × 高○工商		
	六	10:40	乙	花○體中 × 新○高工		
	12:00 ～ 13:30					
	十	14:00	乙	高○工商 × 新○高中		
	15:30	甲	開幕典禮			
	十一	16:10	乙	新○高工 × 善○高中		
	十二	17:30	乙	海○高中 × 花○體中		

比賽地點：○○高中體育館

日期	場次	時間	分組	淺色隊伍 × 深色隊伍	比數	勝隊
6/2 （日）	十三	08:00	甲	竹○高中 × 三○家商		
	十四	09:20	甲	竹○高中 × 成○高中		
	十五	10:40	甲	臺○高中 × 嘉○高中		
	12:00 ～ 13:30					
	十九	14:00	甲	三○家商 × 竹○高中		
	二十	15:20	甲	成○高中 × 臺○高中		
	二十一	16:40	甲	嘉○高中 × 竹○高中		

比賽地點：○○縣立體育館

日期	場次	時間	分組	淺色隊伍 × 深色隊伍	比數	勝隊
6/2 （日）	十六	08:00	乙	新○高工 × 高○工商		
	十七	09:20	乙	花○體中 × 新○高中		
	十八	10:40	乙	善○高中 × 海○高中		

日期	場次	時間	分組	淺色隊伍 × 深色隊伍	比數	勝隊
6/2 （日）				12:00 ～ 13:30		
	二十二	14:00	乙	高○工商 × 花○體中		
	二十三	15:20	乙	新○高中 × 善○高中		
	二十四	16:40	乙	海○高中 × 新○高工		

比賽地點：○○高中體育館

日期	場次	時間	分組	淺色隊伍 × 深色隊伍	比數	勝隊
6/3 （一）	二十五	08:00	甲	竹○高中 × 臺○高中		
	二十六	09:20	甲	成○高中 × 竹○高中		
	二十七	10:40	甲	嘉○高中 × 三○家商		
				12:00 ～ 14:00		
	三十一	14:20	九～ 十二名	竹○高中甲 5 × 乙 5 新○高工		
	三十三	15:40	一～ 八名	新○高中乙 2 × 甲 3 竹○高中		
	三十四	17:00	一～ 八名	成○高中甲 1 × 乙 4 善○高中		

比賽地點：○○縣立體育館

日期	場次	時間	分組	淺色隊伍 × 深色隊伍	比數	勝隊
6/3 （一）	二十五	08:00	甲	竹○高中 × 臺○高中		
	二十六	09:20	甲	成○高中 × 竹○高中		
	二十七	10:40	甲	嘉○高中 × 三○家商		
				12:00 ～ 14:00		
	三十一	14:20	九～ 十二名	竹○高中甲 5 × 乙 5 新○高工		
	三十三	15:40	一～ 八名	新○高中乙 2 × 甲 3 竹○高中		
	三十四	17:00	一～ 八名	成○高中甲 1 × 乙 4 善○高中		

比賽地點：○○縣立體育館

日期	場次	時間	分組	淺色隊伍 × 深色隊伍	比數	勝隊
6/4 (二)	三十七	08:00	五～八名	竹○高中三十三敗 × 三十四敗善○高中		
	三十九	09:20	一～四名	新○高中三十三勝 × 三十四勝成○高中		
	四十一	10:40	九～ 十二名	竹○高中甲 5× 乙 6 海○高中		
	四十三	12:00	五、六名	竹○高中三十七勝 × 三十八勝臺○高中		
	四十五	13:20	三、四名	新○高中三十九敗 × 四十敗花○體中		
	四十六	14:40	一、二名	成○高中三十九勝 × 四十勝高○工商		
	三十四	17:00	一～八名	成○高中甲 1× 乙 4 善○高中		

比賽地點：○○高中體育館

日期	場次	時間	分組	淺色隊伍 × 深色隊伍	比數	勝隊
6/4 (二)	三十八	08:00	五～八名	臺○高中三十五敗 × 三十六敗三○家商		
	四十	09:20	一～四名	花○體中三十五勝 × 三十六勝高○工商		
	四十二	10:40	九～ 十二名	嘉○高中甲 6× 乙 5 新○高工		
	四十四	12:00	七、八名	善○高中三十七敗 × 三十八敗三○家商		

肆、經費概算

○○○年○○盃全國籃球錦標賽經費概算表

項目	數量	單位	單價（元）	金額（元）	備註
獎盃（冠軍）	2	座	1,300	2,600	分甲、乙二組 各取前 3 名優勝
獎盃（亞軍）	2	座	1,300	2,600	
獎盃（季軍）	2	座	1,300	2,600	
裁判費	56	場	2,200	123,200	每場次 3 位裁判、4 位記錄，裁判 56 場，記錄 56 場（裁判 400 元／場，記錄 250 元／場）
交通費	8	人	1,566	12,528	支付臺北裁判之交通費，交通費以自強號票價（783 元 ×2 趟）支應
住宿費	8	人	3,200	25,600	住宿費以 1,600 元／晚 ×8 人 ×2 晚計算
便當	440	個	80	35,200	4 天工作人員 55 人午、晚餐
場地費	4	天	8,000	32,000	○○縣立體育館 6/1 ～ 6/4
礦泉水	100	箱	120	12,000	
電腦割字布條	2	條	1,800	3,600	
籃球記錄表	20	本	120	2,400	
比賽用球	20	顆	3,200	64,000	比賽球 ×6 顆 練習球 ×7 顆 ×2 面場地
紀念衫	60	件	250	15,000	

項目	數量	單位	單價（元）	金額（元）	備註
雜支	1	式	5,000	5,000	防塵拖把、刮沙地墊及相關比賽用品
防護員加班費	2	天	1,200	2,400	依據教育部體育署輔導全國性民間體育活動團體辦理年度工作計畫經費項下
合計				340,728	
總計		新臺幣參拾肆萬零柒佰貳拾捌元			

承辦人 ＿＿＿＿＿　單位主管 ＿＿＿＿＿　主計主任 ＿＿＿＿＿　校長 ＿＿＿＿＿

🔒 7-2　排球競賽實例

　　本節以某國立高中辦理地方性排球邀請賽為例，條列競賽規程、賽制圖、賽程總表及經費概算等內容，內容如下：

> ※ **辦理條件**
> 比賽天數：4 天
> 競賽組別：高男組
> 　　　　　社男組
> 比賽場地：國立○○高中體育館
> 　　　　　國立○○高中風雨球場

壹、競賽規程

○○○年○○盃排球邀請賽實施計畫

一、主　　旨：為培養健全人格、激勵學校團體之凝聚力、提高排球運動
　　　　　　　風氣及技術水準，以及加深學生對排球運動技能及規則之

瞭解，特舉辦本次比賽。

二、指導單位：教育部體育署

三、主辦單位：國立○○高中

四、協辦單位：○○縣政府

五、比賽組別：高中男子組、社會男子組

六、比賽日期：

高男組－○○○年 8 月 18、19 日（星期三、四）

社男組－○○○年 8 月 21、22 日（星期六、日）

七、比賽地點：國立○○高中室內體育館及風雨球場進行

八、報名辦法：

（一）以大會印製之格式報名，每隊至多報 15 名球員（含隊長）。

（二）即日起至○○○年 8 月 6 日（星期五）中午 12:00 前截止報名。

（三）報名表填妥後繳交或傳真至本校體育組，傳真號碼089-***541。

（四）參賽球員限代表一隊出賽，否則該隊以棄權論。

九、領隊會議暨抽籤：○○○年 8 月 9 日（星期一）中午 12:40 於○○高中
交通安全教室召開領隊會議及抽籤，請各隊派員參
加，未出席者將由承辦單位代為抽籤，不得異議。

十、比賽規則：採用中華民國排球協會頒布之最新比賽規則。

十一、比賽制度：

（一）每場比賽採三局二勝制。

（二）預賽採分組循環賽制。

（三）高男組每組取 2 名晉級複賽，採交叉賽制。

（四）社男組每組取 2 名晉級複賽，採雙淘汰賽制。

十二、比賽用球：採用 Molten V5M5 ○○○排球。

十三、獎　　勵：前 3 名頒發獎盃以茲鼓勵。

**十四、開幕典禮訂於○○○年 8 月 21 日（星期六）10:30 於國立○○高中體
育館舉行。**

十五、本競賽規程如有未盡事宜，得隨時補充規定之。

○○○年○○盃排球邀請賽報名表

隊名			領隊		
聯絡人			聯絡電話	(C)	
電子信箱					

序號	職稱	姓名	性別	生日	身分證字號	備註
1	隊長 (C)			/ /		
2	隊員			/ /		
3	隊員			/ /		
4	隊員			/ /		
5	隊員			/ /		
6	隊員			/ /		
7	隊員			/ /		
8	隊員			/ /		
9	隊員			/ /		
10	隊員			/ /		
11	隊員			/ /		
12	隊員			/ /		
13	隊員			/ /		
14	隊員			/ /		
15	隊員			/ /		

貳、賽制圖

○○○年○○盃排球邀請賽賽制圖－高中組

日期：○○○年 8 月 18、19 日（星期三、四）

場地：○○高中體育館

【預賽】

採分組單循環賽制

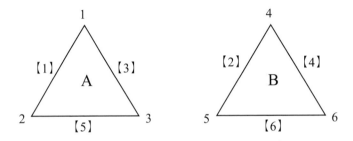

【複賽與決賽】

分組取 2 名進複、決賽，採交叉賽制，由 A 組冠軍對 B 組亞軍，B 組冠軍對 A 組亞軍。

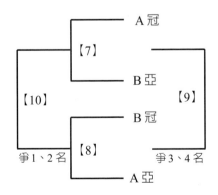

參、賽程總表

○○○年○○盃排球邀請賽賽程表─高中男子組

日期：○○○年 8 月 18、19 日（星期三、四）

場地：○○高中體育館

場次	時間	參賽隊伍	比賽場地	勝隊／比數	附註
○○○年 8 月 18 日（星期三）					
1	08:30-09:30	1 VS 2	體育館	／ ：	
2	09:30-10:30	4 VS 5	體育館	／ ：	
3	10:30-11:30	1 VS 3	體育館	／ ：	
4	11:30-12:30	4 VS 6	體育館	／ ：	
5	13:30-14:30	2 VS 3	體育館	／ ：	
6	14:30-15:30	5 VS 6	體育館	／ ：	
○○○年 8 月 19 日（星期四）					
7	09:00-10:00	A 冠 VS B 亞	體育館	／ ：	
8	10:00-11:00	B 冠 VS A 亞	體育館	／ ：	
9	11:00-12:00	【7】敗 VS【8】敗	體育館	／ ：	3、4 名
10	13:00-14:00	【7】勝 VS【8】勝	體育館	／ ：	1、2 名

○○○年○○盃排球邀請賽賽程表－社會男子組

日期：○○○年 8 月 18、19 日（星期三、四）

場地：○○高中體育館

【**預賽**】分組循環賽制

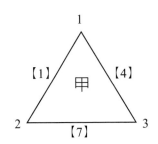

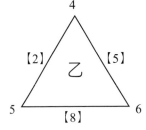 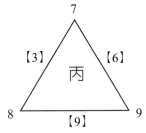

附註：

1. 各組取前 2 名隊伍晉級複賽，採雙淘汰賽制。

2. 複賽各組第 1 名抽 I、IV、VI 號籤，各組第 2 名抽 II、III、V 號籤。抽
   籤時間由大會現場報告。

【複賽與決賽】

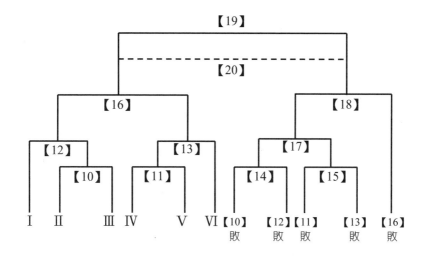

○○○年○○盃排球邀請賽賽程表─社會組

日期：○○○年 8 月 21、22 日（星期六、日）

場地：○○高中體育館、風雨球場

場次	時間	參賽隊伍	比賽場地	勝隊／比數	附註
		○○○年 8 月 21 日（星期六）			
1	8:30-9:30	1 VS 2	風雨球場	／ ：	
2		4 VS 5	體育館	／ ：	
3	9:30-10:30	7 VS 8	風雨球場	／ ：	
4		1 VS 3	體育館	／ ：	
	10:30-11:00	開幕典禮（地點：風雨球場 1 樓）			
5	10:30-11:30	4 VS 6	風雨球場	／ ：	
6		7 VS 9	體育館	／ ：	
7	11:30-12:30	2 VS 3	風雨球場	／ ：	
8		5 VS 6	體育館	／ ：	

場次	時間	參賽隊伍	比賽場地	勝隊／比數	附註
9	13:00-14:00	8 VS 9	風雨球場	／　：	
10		Ⅱ VS Ⅲ	體育館	／　：	
11	14:00-15:00	Ⅳ VS Ⅴ	體育館	／　：	
○○○年 8 月 22 日（星期日）					
12	08:30-09:30	Ⅰ VS【10】勝	風雨球場	／　：	
13		Ⅵ VS【11】勝	體育館	／　：	
14	09:30-10:30	【10】敗 VS【13】敗	體育館	／　：	
15	10:30-11:30	【11】敗 VS【14】敗	體育館	／　：	
16	11:30-12:30	【12】勝 VS【13】勝	體育館	／　：	
17	13:00-14:00	【14】勝 VS【15】勝	體育館	／　：	
18	14:00-15:00	【16】敗 VS【17】勝	體育館	／　：	
19	15:00-16:00	【16】勝 VS【18】勝	體育館	／　：	
20	16:00-17:00	VS	體育館	／　：	敗部贏勝部加賽

肆、經費概算

○○○年○○盃排球邀請賽經費概算表

項次	項目	單價	數量	單位	金額	備註
1	排球	2,100	12	顆	25,200	
2	球車	4,200	1	臺	4,200	
3	排球網	1,280	4	面	5,120	
4	標誌竿	2,250	3	組	6,750	
5	裁判費	800	24	人／天	19,200	1. 以縣級標準，每人每天 800 元計支 2. 每天 8 人，共 3 天

項次	項目	單價	數量	單位	金額	備註
6	工作費	300	24	場	7,200	1. 每人每天 300 元計支 2. 每天 8 人，共 3 天
7	獎盃	1,000	15	支	15,000	
8	保險	10,000	2	式	20,000	1. 公共意外責任險 2. 共 4 天（高男組 2 天、社男組 2 天）
9	秩序冊	40	20	冊	800	
10	活動布條	5,000	1	面	5,000	
11	便當	80	200	個	16,000	1. 每日裁判及工作人員預計 50 人 2. 共 4 日午餐
12	礦泉水	100	100	箱	10,000	共 4 天
13	雜支	4,973	1	式	4,973	文具用品及比賽相關用品
14	二代健保費	557	1	式	557	

總金額：140,000 元

承辦人＿＿＿＿＿　單位主管＿＿＿＿＿　主計主任＿＿＿＿＿　校長＿＿＿＿＿

🔒7-3　羽球競賽實例

本節以地方型羽球協會辦理地方性羽球錦標賽為例，條列競賽規程、賽制圖、賽程總表及經費概算等內容，內容如下：

> ※ **辦理條件**
> 比賽天數：2 天

> 競賽組別：個人賽社會組－男雙、混雙
>
> 　　　　　個人賽休閒組－男雙、女雙、混雙
>
> 　　　　　國中組－男單、女單
>
> 　　　　　國小高年級組－男單、女單
>
> 　　　　　國小中年級組－男單、女單
>
> 　　　　　國小低年級組－男單、女單
>
> 　　　　　團體賽社會乙丙組－男雙、混雙
>
> 　　　　　團體賽社會休閒組－男雙、混雙
>
> 比賽場地：六面場地

壹、競賽規程

○○○年「○○○○盃」羽球錦標賽競賽規程

一、主　　旨：響應政府提倡休閒活動，普及羽球運動，提升羽球運動水
　　　　　　　準。

二、指導單位：○○縣政府、○○縣立體育場

三、主辦單位：○○縣新苗羽球發展協會、東海運動公園羽球館

四、承辦單位：新苗羽球教學團隊

五、比賽日期：中華民國○○○年 11 月 12 日（星期六）至 11 月 13 日（星
　　　　　　　期日）

六、比賽地點：東海運動公園羽球館（○○市中華路二段 17 號 C 棟羽球館）

七、開幕時間：中華民國○○○年 11 月 12 日（星期六）上午 10 時

八、開幕地點：東海運動公園羽球館

九、比賽組別：（以○○縣羽球委員會分組名單為分組依據）

　　（一）個人賽社會組－男雙、混雙

　　（二）個人賽休閒組－男雙、女雙、混雙

　　（三）國中組－男單、女單

（四）邀請賽：國小高年級組－男單、女單

（五）邀請賽：國小中年級組－男單、女單

（六）邀請賽：國小低年級組－男單、女單

（七）邀請賽：團體賽社會乙丙組－男雙、混雙

（八）邀請賽：團體賽社會休閒組－男雙、混雙

十、參加資格：

（一）邀請賽項目不開放報名。

（二）設籍○○地區、實際於○○地區就學／就業、新苗羽球發展協會
　　　會員或其子女，符合所述身分資格之選手，方可參賽。

（三）團體賽社會乙丙組，限乙組選手一名，不可兼點，謝絕甲組選
　　　手。

（四）團體賽社會休閒組，不可兼點，謝絕甲／乙／丙組選手。

（五）團體賽每隊應至少 4 人、不得超過 5 人，每人限報 2 組。

（六）可以跨組向上挑戰、不能降組。

（七）女子選手可以參與男子組賽事，男子選手不可參與女子組賽事。

十一、報名手續：

（一）採「現場報名」：請至**東海運動公園羽球館**登記並繳費。

（二）日期：即日起至○○○年 11 月 4 日（星期五下午 6 時）止。

（三）報名費：個人單打○○元、個人雙打每組○○元、團體賽每隊
　　　○○元。

（四）繳費方式：現場繳費。

十二、抽　　　籤：本次比賽由大會直接抽籤，不辦理公開抽籤儀式。

十三、比賽用球：比賽級用球。

十四、比賽辦法：

（一）本比賽採用中華民國羽球協會公布之最新羽球規則（依世界羽球
　　　聯盟 BWF 新制所訂規則）。

（二）比賽皆採新制 25 分壹局（24 分平不加分）定勝負（13 分交換場
　　　邊）。若報名組數過多，學生組賽程則改制為 21 分壹局（20 分

平不加分）定勝負。

（三）晉級算法如下：

    1. 總得分最多者為勝。

    2. 兩隊總得分相等，總失分少者為勝。

    3. 若總得分、總失分皆相等，團體賽第一點勝者為勝，個人賽由裁判長擲硬幣或抽籤決定。

（五）主辦單位不主動審查參賽資格，若有疑慮請雙方於列隊時出示證件；爭議由裁判長決議之。

（六）抽籤後不得再更改球員名單。

十五、獎　　勵：各組擇優頒獎，容後公布。

十六、若有未盡事宜得由主辦單位另行公布實施。

○○○年「○○○○盃」羽球錦標賽雙打報名表

社會組—□ 男雙、□ 混雙 休閒組—□ 男雙、□ 女雙、□ 混雙	隊名		選手 姓名		聯絡 電話	
社會組—□ 男雙、□ 混雙 休閒組—□ 男雙、□ 女雙、□ 混雙	隊名		選手 姓名		聯絡 電話	
社會組—□ 男雙、□ 混雙 休閒組—□ 男雙、□ 女雙、□ 混雙	隊名		選手 姓名		聯絡 電話	
社會組—□ 男雙、□ 混雙 休閒組—□ 男雙、□ 女雙、□ 混雙	隊名		選手 姓名		聯絡 電話	
社會組—□ 男雙、□ 混雙 休閒組—□ 男雙、□ 女雙、□ 混雙	隊名		選手 姓名		聯絡 電話	
社會組—□ 男雙、□ 混雙 休閒組—□ 男雙、□ 女雙、□ 混雙	隊名		選手 姓名		聯絡 電話	
社會組—□ 男雙、□ 混雙 休閒組—□ 男雙、□ 女雙、□ 混雙	隊名		選手 姓名		聯絡 電話	
社會組—□ 男雙、□ 混雙 休閒組—□ 男雙、□ 女雙、□ 混雙	隊名		選手 姓名		聯絡 電話	

社會組—□ 男雙、□ 混雙 休閒組—□ 男雙、□ 女雙、□ 混雙	隊名		選手 姓名		聯絡 電話	
社會組—□ 男雙、□ 混雙 休閒組—□ 男雙、□ 女雙、□ 混雙	隊名		選手 姓名		聯絡 電話	
社會組—□ 男雙、□ 混雙 休閒組—□ 男雙、□ 女雙、□ 混雙	隊名		選手 姓名		聯絡 電話	
社會組—□ 男雙、□ 混雙 休閒組—□ 男雙、□ 女雙、□ 混雙	隊名		選手 姓名		聯絡 電話	
社會組—□ 男雙、□ 混雙 休閒組—□ 男雙、□ 女雙、□ 混雙	隊名		選手 姓名		聯絡 電話	

○○○年「○○○○盃」羽球錦標賽**單打**報名表

國中組—□ 男單、□ 女單 國小高年級組—□ 男單、□ 女單 國小中年級組—□ 男單、□ 女單 國小低年級組—□ 男單、□ 女單	隊名		選手 姓名		聯絡 電話	
國中組—□ 男單、□ 女單 國小高年級組—□ 男單、□ 女單 國小中年級組—□ 男單、□ 女單 國小低年級組—□ 男單、□ 女單	隊名		選手 姓名		聯絡 電話	
國中組—□ 男單、□ 女單 國小高年級組—□ 男單、□ 女單 國小中年級組—□ 男單、□ 女單 國小低年級組—□ 男單、□ 女單	隊名		選手 姓名		聯絡 電話	
國中組—□ 男單、□ 女單 國小高年級組—□ 男單、□ 女單 國小中年級組—□ 男單、□ 女單 國小低年級組—□ 男單、□ 女單	隊名		選手 姓名		聯絡 電話	
國中組—□ 男單、□ 女單 國小高年級組—□ 男單、□ 女單 國小中年級組—□ 男單、□ 女單 國小低年級組—□ 男單、□ 女單	隊名		選手 姓名		聯絡 電話	

組別	隊名		選手姓名		聯絡電話	
國中組—□ 男單、□ 女單 國小高年級組—□ 男單、□ 女單 國小中年級組—□ 男單、□ 女單 國小低年級組—□ 男單、□ 女單	隊名		選手姓名		聯絡電話	
國中組—□ 男單、□ 女單 國小高年級組—□ 男單、□ 女單 國小中年級組—□ 男單、□ 女單 國小低年級組—□ 男單、□ 女單	隊名		選手姓名		聯絡電話	
國中組—□ 男單、□ 女單 國小高年級組—□ 男單、□ 女單 國小中年級組—□ 男單、□ 女單 國小低年級組—□ 男單、□ 女單	隊名		選手姓名		聯絡電話	
國中組—□ 男單、□ 女單 國小高年級組—□ 男單、□ 女單 國小中年級組—□ 男單、□ 女單 國小低年級組—□ 男單、□ 女單	隊名		選手姓名		聯絡電話	
國中組—□ 男單、□ 女單 國小高年級組—□ 男單、□ 女單 國小中年級組—□ 男單、□ 女單 國小低年級組—□ 男單、□ 女單	隊名		選手姓名		聯絡電話	

○○○年「○○○○盃」羽球錦標賽團體報名表

□ 團體賽社會乙丙組 □ 團體賽社會休閒組	隊名		聯絡人		聯絡電話	
選手姓名（4～5人）						

□ 團體賽社會乙丙組 □ 團體賽社會休閒組	隊名		聯絡人		聯絡電話	
選手姓名（4～5人）						

□ 團體賽社會乙丙組 □ 團體賽社會休閒組	隊名		聯絡人		聯絡電話	
選手姓名（4～5人）						

□ 團體賽社會乙丙組 □ 團體賽社會休閒組	隊名		聯絡人		聯絡電話	
選手姓名（4～5人）						

□ 團體賽社會乙丙組 □ 團體賽社會休閒組	隊名		聯絡人		聯絡電話	
選手姓名（4～5人）						

□ 團體賽社會乙丙組 □ 團體賽社會休閒組	隊名		聯絡人		聯絡電話	
選手姓名（4～5人）						

貳、賽制圖

由於組數眾多，本範例僅挑選休閒男雙組作說明，賽制圖如下：

○○○年「○○○○盃」羽球錦標賽－社會組男雙

共 16 籤，取 4 名

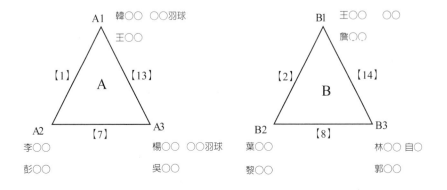

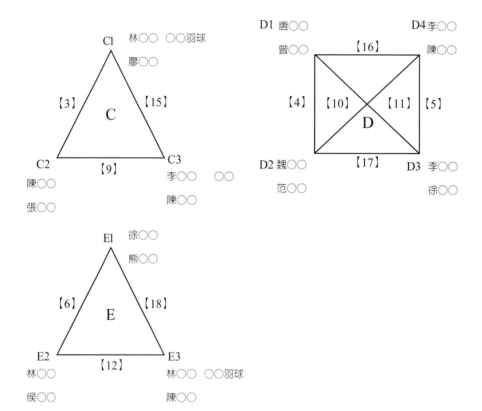

決賽：分組第一及 D 組分組第二抽 1、2、3、8、9、10 號籤

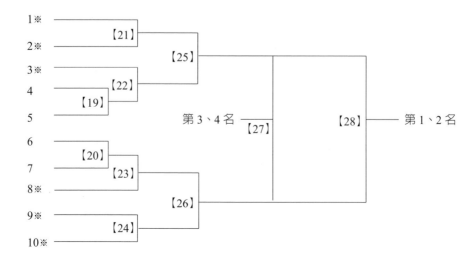

參、賽程總表

賽程總表的對應方式可先參照組別再找尋場次（如粗斜體所示），即可知道出賽的時間及場地。

○○○年「○○○○盃」羽球錦標賽

日期：○○○年 11 月 12 日（星期六）
比賽地點：○○羽球館

時間	第 1～6 場地					
13:00	*社會男雙【1】*	*社會男雙【2】*	*社會男雙【3】*	休閒團體【1】	休閒團體【2】	休閒團體【3】
13:12	*社會男雙【4】*	*社會男雙【5】*	*社會男雙【6】*			
13:24	小中男單【1】	小中男單【2】	小中男單【3】	小中男單【4】	小中男單【5】	小中男單【6】
13:36	小中男單【7】	小中男單【8】	小中男單【9】	國男單【1】	國男單【2】	國男單【3】
13:48	國男單【4】	國男單【5】	休閒女雙【1】	休閒團體【4】	休閒團體【5】	休閒團體【6】
14:00	*社會男雙【7】*	*社會男雙【8】*	*社會男雙【9】*			
14:15	*社會男雙【10】*	*社會男雙【11】*	*社會男雙【12】*	小中男單【10】	小中男單【11】	小中男單【12】
14:30	小中男單【13】	小中男單【14】	小中男單【15】	小中男單【16】	小中男單【17】	小中男單【18】
14:45	國男單【6】	國男單【7】	國男單【8】	休閒團體【7】	休閒團體【8】	休閒團體【9】
15:00	國男單【9】	國男單【10】	休閒女雙【2】			
15:15	*社會男雙【13】*	*社會男雙【14】*	*社會男雙【15】*	*社會男雙【16】*	*社會男雙【17】*	*社會男雙【18】*
15:30	小中男單【19】	小中男單【20】	小中男單【21】	小中男單【22】	小中男單【23】	小中男單【24】
15:42	小中男單【25】	小中男單【26】	小中男單【27】	休閒女雙【3】	休閒團體【10】	休閒團體【11】
15:54	國男單【11】	國男單【12】	國男單【13】	國男單【14】		
16:06	國男單【15】	*社會男雙【19】*	*社會男雙【20】*	小中男單【28】	小中男單【29】	小中男單【30】
16:18	小中男單【31】	小中男單【32】	小中男單【33】	小中男單【34】	小中男單【35】	
16:30	國男單【16】	國男單【17】	*社會男雙【21】*	*社會男雙【22】*	休閒團體【12】	休閒團體【13】
16:45	*社會男雙【23】*	*社會男雙【24】*				
17:00	小中男單【36】	小中男單【37】	小中男單【38】	小中男單【39】	國男單【18】	國男單【19】
17:15	*社會男雙【25】*	*社會男雙【26】*				
17:30	小中男單【40】	小中男單【41】	國男單【20】	國男單【21】	休閒團體【14】	休閒團體【15】
17:45	*社會男雙【27】*	*社會男雙【28】*	小中男單【42】	小中男單【43】		

肆、經費概算

○○○年「○○○○盃」羽球錦標賽經費概算表

項次	項目	單價	數量	天數	金額	備註
1	裁判長	1,500 元	1 人	1.5	2,250	
2	裁判	1,000 元	12 人	1.5	18,000	
3	競賽組	1,200 元	4 人	1.5	7,200	
4	防護人員	1,200 元	1 人	1.5	1,800	
5	獎金				34,100	明細如附件一
6	獎品				12,426	明細如附件二
7	抽獎				8,468	明細如附件三
8	比賽用球	470 元	50 筒	1	23,500	
9	膳食費	80 元	36 個		2,880	
10	布條製作	1,900 元	1 條		1,900	
11	邀請卡	12 元	100 張		1,200	
12	場地費	12,000 元	1.5 天	1	18,000	
13	雜支		1 式		2,250	
經費合計：133,974 元						

國家圖書館出版品預行編目(CIP)資料

運動競賽活動規劃與執行／陳司衛，洪煌佳
著. －－初版.－－臺北市：五南圖書出版
股份有限公司, 2023.09
面； 公分
ISBN 978-626-366-531-6（平裝）

1.CST: 運動競賽 2.CST: 體育行政 3.CST:
運動規則

528.928   112013895

1F3A

運動競賽活動規劃與執行

作   者 ― 陳司衛、洪煌佳

發 行 人 ― 楊榮川

總 經 理 ― 楊士清

總 編 輯 ― 楊秀麗

主   編 ― 侯家嵐

責任編輯 ― 吳瑀芳

文字校對 ― 張淑端

封面設計 ― 陳亭瑋

出 版 者 ― 五南圖書出版股份有限公司

地   址：106臺北市大安區和平東路二段339號4樓

電   話：(02)2705-5066   傳   真：(02)2706-6100

網   址：https://www.wunan.com.tw

電子郵件：wunan@wunan.com.tw

劃撥帳號：01068953

戶   名：五南圖書出版股份有限公司

法律顧問：林勝安律師

出版日期：2023年9月初版一刷

定   價：新臺幣320元

經典永恆・名著常在

五十週年的獻禮 —— 經典名著文庫

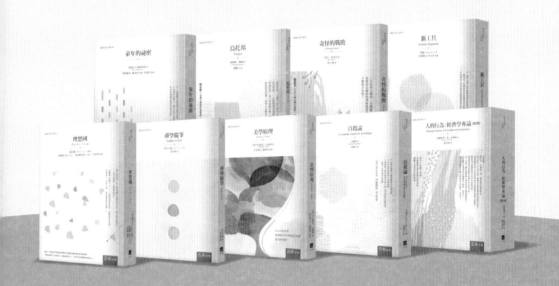

五南，五十年了，半個世紀，人生旅程的一大半，走過來了。

思索著，邁向百年的未來歷程，能為知識界、文化學術界作些什麼？

在速食文化的生態下，有什麼值得讓人雋永品味的？

歷代經典・當今名著，經過時間的洗禮，千錘百鍊，流傳至今，光芒耀人；

不僅使我們能領悟前人的智慧，同時也增深加廣我們思考的深度與視野。

我們決心投入巨資，有計畫的系統梳選，成立「經典名著文庫」，

希望收入古今中外思想性的、充滿睿智與獨見的經典、名著。

這是一項理想性的、永續性的巨大出版工程。

不在意讀者的眾寡，只考慮它的學術價值，力求完整展現先哲思想的軌跡；

為知識界開啟一片智慧之窗，營造一座百花綻放的世界文明公園，

任君遨遊、取菁吸蜜、嘉惠學子！